Círculo Rojo

Sancocho

Sancocho

Antonio José Restrepo Fontalvo

Círculo Rojo
EDITORIAL

Primera edición: febrero 2024

Depósito legal: AL 249-2024

ISBN: 978-84-1061-593-9
Impresión y encuadernación: Editorial Círculo Rojo

© Del texto: Antonio José Restrepo Fontalvo
© Maquetación y diseño: Equipo de Editorial Círculo Rojo

Editorial Círculo Rojo
www.editorialcirculorojo.com
info@editorialcirculorojo.com

Impreso en España - Printed in Spain

A las doctoras
María Blanca Pallás Cots y Ester Artajona Rodrigo

PRÓLOGO DEL AUTOR

Esta mañana me desperté pensando que podía escribir algo grande. Y con ganas de aprender cómo hacerlo, me senté ante esa especie de enciclopedia abierta al mundo llamada *ordenador*. En él leí y leí. Pero, aun siendo enorme mi deseo de aprendizaje, sentí que estaba ahogando en aquella caja mi imaginación, ya que casi todo estaba hecho en tan poco espacio. Y como sentí miedo de esa realidad, todo asustado lo cerré. Entonces agarré un lápiz y unas hojas de papel, para que ellos me alejasen de esa pendeja idea de querer escribir grandezas. Por eso entrelacé una serie de sílabas llenas de amor, para reflejar con ellas el sentir de un pasado y un presente, llamado por mí *las palabras del sentimiento*. Luego esas palabras las fui intercalando con una serie de sencillos cuentos, historias, reflexiones, y muchas tonterías que oí o viví, con el único deseo de poder entretenerles.

UNO. AL RECUERDO

Hoy quiero hablar contigo
aun sabiendo que todo cuanto diga
no modificará para nada tu vida,
ese bastón en que se apoya la mía.
Hoy quiero decirte
que el rencor lo escribí en las arenas de la playa
y que el amor llené de alas
para que ellas con su batir agranden las olas.
Hoy quiero hablar contigo
y decirte
gracias por allanarles el camino a mis pasos
y enseñarles de tus errores,
porque sin ello
solo simas encontraría mi vida.
Hoy quiero hablar contigo,
mi amigo, mi compañero,
y pedirte que nunca calles,
aunque tu vida solo sea en mí
la silenciosa oración que hago del pasado.

DOS. ¿CÓMO PODRÉ DECÍRTELO?

Todo está escrito,
ya todo sentimiento tiene un verso,
al igual que cada flor su aroma,
y yo no sé escribir para ti un simple poema
y reflejar en él todo lo que siento.
Por eso al cielo inspiración le pido
y con solo tu recuerdo
ella rauda acude,
pero le pierde la soberbia buscando palabras bellas,
esas que solo ocultarán el sentir de mi poema.
Por ello mis sentimientos silenciosos tornan
a llorar en mi cuerpo regocijados,
llanto amargo,
porque, si amargo es el silencio de quien ama,
mayor es sentir la impotencia de las palabras;
y aunque sé que todo está escrito,
he aquí, mujer,
el más bello y sencillo de todos los poemas,
de todos los versos…Te quiero.

TRES. EL VELORIO

Se hizo de algo tan sagrado y triste como es la muerte, un cúmulo de acontecimientos marcados con un tinte de folclore.

Murió como había vivido su extraña existencia: llena de mutismo.

Por eso ahora, de cuerpo presente en el último acto de su vida, parecía dormido. No se notaba rasgo alguno en su rostro que mostrase dolor o felicidad. Estaba como si hubiera vivido preparándose para este momento. Su boca cerrada sin rictus y sus ojos, aunque también cerrados, parecía que miraban a hurtadillas.

El silencio se ausentó de aquel salón centrado por un cajón y, a la cabecera de este, un monumental cuadro del Sagrado Corazón de Jesús, que, iluminado por la luz de numerosas velas, iba proyectando lúgubres sombras. Sombras que van opacando los bellos cuadros que colgados de las paredes, hacen una evocación viva al amor y a la naturaleza.

Semejando temporeros en tiempo de recolecta, las rezanderas y los chistosos lo eran en día de muerto.

En este velorio no había un marcado llanto ni canto. Era una especie de lamento hecho susurro, entrecortado algunas veces por esporádicos alaridos. Estos susurros guardan la sencilla manera de brindarle tributo al difunto, en forma de cortas aunque reales narraciones, las que van reflejando su paso por la vida. No solo hacían estas narraciones las rezanderas, las podían hacer todos aquellos pesamenteros deseosos de relatar algún hecho vivido por el difunto.

Las rezanderas, que van vestidas de negro azabache, llevan en sus manos una camándula y, con sus ojos llorosos, rezan y narran vivencias del difunto las nueve noches de velorio.

—Recuerdo las numerosas travesuras hechas de niño con su honda.

—No olvido que, cuando iba a cazar pájaros, volvía lleno de rasguños por el cadillo y de ronchas por la pringamoza.

—Me parece verlo llorando, cuando se cayó de la hamaca y se abrió la cabeza y la barbilla con solo siete años.

—Lo veo durante su primera comunión, sacándose la hostia de la boca porque quería ver a Dios.

En quedo coro:

—Sí, lo recordamos.

No había música en aquella especie de letanía, pero sí un compás rítmico entre la evocación al recuerdo y la consiguiente afirmación.

Se hacía también de aquella evocadora reunión el momento de la charla y la degustación.

Se podía comparar lo mucho que se hablaba en esa dolorosa reunión de amigos y familiares, con la interminable charla mantenida fuera del trabajo por la secretaria de un sordo.

En el interior de la casa y aún de cuerpo presente el difunto, se repartían pequeños sándwiches y tazas llenas con calentillo[1].

La puerta de la calle, que permanecía abierta, era un constante entrar y salir de todos aquellos que querían dar su último adiós al muerto, mientras que el portón que da al patio, era el preferido de los que se habían hecho personajes asiduos de los velorios, y los encargados de mantener el ambiente que se respira durante las nueve noches de velorio.

En el patio, unas largas bancas sirven de asiento a los hombres que se acercan a dar el pésame a la familia. Aquí, en el patio, además de los pequeños sándwiches y las tazas con el calentillo, se repartían cigarrillos, calillas, tabaco y ron. No se rezaba. Pero el ambiente entre los pesamenteros se alimentaba con una animada charla, que giraba fundamentalmente a base de anécdotas y chistes sobre el muerto.

En este velorio se habían congregado muchos vecinos del pueblo, ya que, además de ser el difunto una persona muy querida, se sumaba la forma intempestiva como se produjo su muerte, hoy

---

[1] Sopa clara que se reparte entrada la madrugada.

sobre las nueve de la noche. Por eso, pasadas unas cortas horas de velorio, con los primeros rayos del amanecer partió el cortejo fúnebre camino del cementerio, mientras algunos pesamenteros se quedaban durmiendo en las largas bancas del patio, la borrachera de la pasada y corta noche.

Cuando toda aquella larga comitiva había llegado al cementerio y, después de una misa en la capilla de tan lúgubre recinto, llegó Pepe, compadre y hermano de corazón del difunto, que venía desde Barranquilla. Pepe, con el rostro completamente desencajado y los ojos cubiertos con unas dolorosas lágrimas, le rogó a su comadre Mariana que le dejase ver por última vez a su compadre. Entre un casi generalizado murmullo de las personas que daban número a aquella comitiva, Mariana accedió, dando la orden de que se abriese el cajón. Cuando Pepe se inclinó para besar la frente de su amigo como muestra de cariño y respeto, se retiró todo espantado, jurando que su amigo y compadre había

pestañeado. Nadie dio crédito a las palabras de Pepe. Pero, ante un ahora generalizado descontento, Pepe seguía insistiendo en que vio pestañear a su amigo.

—Comadre, mi compadre está vivo y, si lo entierran ahora, pesará sobre todos haberlo enterrado con vida.

Fue tan insistente Pepe con su afirmación, que la afligida esposa cedió nuevamente a los deseos de su compadre. Pasado unos largos y angustiosos minutos de espera en compañía solo de los más allegados, se pudo ver como el *difunto* pestañeaba con frecuencia.

Cuando sea real su muerte, las rezanderas en sus letanías se encargarán de recordar este hecho, haciendo de la vida del difunto un libro abierto para familiares, amigos y vecinos.

La catalepsia, además de por otras causas, es muy frecuente entre esquizofrénicos, parkinsonianos y grandes consumidores de coca.

CUATRO. HERIDA DE AMOR

Qué bellos sollozos ayer me diste.
Ayer que quedara en el lecho tu cuidado pudor
y herida tu carne mujer sentiste
al bañar tu cuerpo con mezcla de sangre y sudor.

Tu piel de nácar, virgen desnuda,
aún guardaba el aroma de tierna flor;
por eso tuve que disipar tu duda
y a tu cuerpo en vilo brindarle calor.

Hubo caricias, besos y llanto de amor
cuando entregada diste el nido a tejer
para que llegado el momento sumo,
tu trémulo quejido, fuera clamor.

Luego con las luces del alba
quedaste en mi pecho dormida
reflejando en tu rostro la inocencia ida
y la alegría de tu alma al sentirte mujer.

CINCO. MIS LOCURAS

Aunque amarte ha sido muy estéril,
te quiero
como quiero la luz en las tinieblas,
como quiero el saber que encierran los libros
o como a su mendrugo de pan quiere el perro andariego.
Te quiero
como quiero a mis padres y quiero a los niños,
como quiero salud y quiero dinero,
como quiero a la vida en mis días alegres
o como quiero el recuerdo de un amor perdido.
Te quiero
como se quiere a la lluvia o se quiere a las flores,
como quieren los niños el juguete ajeno
o como el poder quiere quien se encuentra hundido.
Te quiero
con la misma fuerza que el rencor me brinda,
con la suave ternura de quien perdona
o con esa grandeza que emana de mi locura.
Te quiero
como quiero el cielo lleno de estrellas,
como quiero el mensaje que me trae la muerte
o como quiere el beso del hijo, del amigo o del amante.
Y te quiero
porque necesito querer para no ahogarme entre tanto odio,
porque necesito querer para aún sentirme vivo
o porque quiero esa luz de ilusión en mi fracaso.
Más sabiendo que te quiero con locura y con tormento,
con alegría y desespero,
con rabia y con ternura,

espero morir queriéndote sin saber decirlo,
porque no quiero escribirte más lamentos,
aunque dejó en el papel mis anhelos
para que mañana, cuando leas mis locuras,
el silencio diga lo que yo te quiero.

SEIS. EL LÍDER

Me contó un amigo barranquillero llamado Leonel Gargallo Crespo, una historia o cuento que situó durante su vida de estudiante interno en un instituto de Sincelejo.

Siempre en los internados, decía Leonel, como una pequeña sociedad que es, se forman grupos y pandillas. Grupos y pandillas que luego se siguen proyectando los fines de semana fuera del internado. Contaba que todo grupo o pandilla requería de alguien para dirigirla. De alguien capaz de decidir lo que iba a hacer el grupo. Se hacía por eso necesaria la presencia de un líder.

Su grupo, que estaba formado por siete estudiantes, tenía distintas maneras de elegir al líder del grupo durante un mes.

Primero tuvo un inicio muy democrático al elegir líder por votación. En otras ocasiones, se hizo líder a aquel de los siete que sacara de una baraja la carta mayor. Más tarde hicieron líder a quien ganaba tirando un pulso.

Pero al final idearon y prevaleció para elegir líder, lo que llamaron *poder sexual*.

El llamado *poder sexual*, consistía en reunirse el primer viernes de cada mes los siete integrantes de la pandilla y, después de haber pegado cada uno su espalda a la pared, se masturbaban, y quien lanzase su semen más lejos, sería líder de la pandilla por un mes.

SIETE. HOY TE VI

Hoy te vi, y hablamos.
Hoy me vi en el garzo mar de tus ojos
y cuando entre mis manos tuve las tuyas,
tembló tu cuerpo como antaño
y yo te había olvidado
y quise ser el muchacho de ayer,
ese que lloraba tu partida.
Pero no hubo hoy adiós ni llanto para cegar mis sentidos
cuando comprendí lo bello que es querer como me has querido
y supe lo ruin que soy con mi corazón de hombre.
Hoy te vi, y hablamos.

OCHO. PARA TI

¿Que quieres saber desde cuándo te quiero?
No hay fecha.
El trueno era silencioso y el eco mudo,
la luz del rayo no existía
y no figuraba mi alma ni en la mente creadora de los dioses.
Todo era abismo oscuro
y yo,
yo desde ese entonces te quiero.

NUEVE. LAS MARIPOSAS

El séptimo día descansó y durmió el Todopoderoso.

Mientras dormía, soñó con alguna de las cosas nuevas que había creado. Pero grande fue su asombro, al contemplar durante el sueño como el león con su largo bostezo imitaba el trino de las aves canoras. Al majestuoso cóndor, lo soñó ciego moviéndose por los numerosos laberintos que había abierto en las entrañas de la tierra. A los ágiles peces los vio arrastrándose por los desiertos, y a la astuta serpiente sobrevolar los Andes, mientras que el toro bravo surcaba los mares.

Al despertar el Todopoderoso, miró con verdaderos signos de alegría su sol, su luna y sus estrellas, para luego lavar sus manos y su rostro con la lluvia, dejando que los secase a su antojo el viento. Entonces quiso el Supremo crear un ser que tuviese la alegría de vivir, para borrar de su mente aquel absurdo sueño.

Este nuevo ser debería reunir, además de la alegría por la vida, el don de dar gracias por ella aun sabiéndola efímera y, además, enseñarnos los cambios que se pueden dar en las distintas etapas de la vida.

Frotó y sopló sus manos el Todopoderoso, para que retozonas y de muy variados colores salieran de entre sus manos miles de hermosas mariposas volando. Mariposas que llenaron los campos con su alegre y despreocupado volar, olvidándose del largo y arduo camino que tendrán que recorrer las futuras generaciones, para convertirse en esas débiles y hermosas mariposas que alegres y felices vuelan.

Huevo-oruga-crisálida-mariposa.

Hoy día se relata esta nueva creación, siguiendo lo que antaño narraron los mayores del pueblo en las soleadas tardes, al decirnos que miremos con mucha atención a las mariposas cuando elevan su vuelo, porque ellas, con el batir de sus alas por encima de sus cuerpos, semejan ir aplaudiendo la efímera vida que después de un extraño sueño les dio el Todopoderoso.

DIEZ. RENUNCIA

Mujer, te quiero,
pero debo renunciar a ti
porque, si mi amor voló contigo hasta los cielos,
el sol de tu cielo mis alas ha quemado.
Por eso renuncio a tu celestial mundo,
porque mis pies viven horadando esta tierra
y mis manos acariciando sus arenas,
y sin alas
la tierra dista mucho de los cielos.

ONCE. PIRAUSTA

Espera, no te vayas,
ten un poco de paciencia,
no apagues la lumbre.
Espera,
reconozco que no he sabido decir lo mucho que te quiero,
no hay palabras
y si las encuentro,
esclavo de ellas haré mis sentimientos,
y el amor es más libre que los sueños.
Espera, aviva el fuego,
no apagues la lumbre,
no me condenes a vivir la eterna tristeza
de una soledad de cenizas llena.
Espera, aviva el fuego.

DOCE. FALSO PUNTO

Abrí los ojos.

Qué extraña sensación cuando comprendí que casi había olvidado lo que es dormir de un tirón, y poder recrearme en la pereza de los continuos estirones posponiendo el levantarme, o hacer de mi despertar ese momento lleno de energías, y poder con ellas enfrentarme al quehacer diario.

Por un momento pensé en lo bello que es estar vivo, y di gracias a la Virgen del Carmen por ello. A ella me encomendé con la promesa de vivir con fuerza y alegría mi despertar, más aún, cuando durante el sueño muerto he vivido.

Coincidía que, aun siendo día laborable, no tenía que ir a trabajar.

Salí de casa a eso de las once y media de la mañana sin nada en mi mente por hacer. Me sentía afortunado al ver como la naturaleza quiso acompañarme ofreciéndome un soleado y fresco día de otoño.

Me detuve a la altura de la plaza de los Chorlitos para buscar en mis bolsillos una pequeña agenda, donde guardaba algunos teléfonos calificados por mí como importantes.

Repasé varias veces los bolsillos de mi saco de *sport*, así como los de mi camisa y los de mi pantalón.

No sé si fue largo o corto el tiempo que empleé en la búsqueda de mi agenda, pero durante la infructuosa búsqueda me había apoyado ligeramente en una cabina de teléfonos. Volví a la realidad al ser interrogado por un niño dirigiéndose a mí con estas palabras:

—¿Ha perdido algo, señor?

Agradecí su solidario y preocupado gesto, y le despedí con una sonrisa y mi acostumbrada frase:

—Buen día, hijo.

Me quedé aún apoyado a la cabina de teléfonos al tiempo que pensaba: «¿Dónde he podido dejar mi pequeña agenda?».

Pero desistí de continuar la búsqueda para no dañar la alegría de aquella hermosa mañana. Entonces miré al cielo, para en la contemplación de lo infinito, hacer algo más compartido mi buen estado de ánimo. Pero al bajar la vista, pude observar en uno de los edificios de la acera que se enfrentaba a mis ojos, la hermosura de un reloj de alabastro, y pensé: «¿Cómo es posible que, pasando por aquí durante muchos años, nunca hubiese reparado para nada en aquel grande en dimensiones, y hermoso en realidad reloj de alabastro?». Con el único fin de proteger mis ojos de los rayos del sol, apoyé mi mano extendida a modo de una visera sobre mi frente y, seguí en esa pose escudriñando el reloj, y en general toda la estructura que lo rodeaba.

—¿Sucede algo ahí arriba?

Retiré mi mano visera para observar a mi interlocutor y darle cuenta de mi nuevo y tardío descubrimiento: el reloj de alabastro. Sin saber por qué, le dije que observaba un punto luminoso en el lejano horizonte.

Imitó mi actitud colocando su mano a modo de una visera, no sin antes haber limpiado sus lentes para dedicarse a escudriñar conmigo el horizonte.

—No veo nada —dijo.

Yo había mentido. Por eso, sin retirar mi mano a modo de una visera, con el dedo índice de la otra mano señalaba el imaginario punto, aunque mi compañero observador de los cielos seguía asegurando no verlo. Cuando buscaba algo para apoyar mi mentira sobre aquel inexistente punto luminoso, sucedió lo más extraño, al acercarse un par de jóvenes. Aquella pareja estaba formada por un chico muy alto y delgado, con atuendo muy juvenil. Vestía unos vaqueros azules de marca y llevaba puesta encima de su camisa una cazadora negra de cuero. Colgada a la espalda tenía una mochila y, mientras ocupaba sus oídos con unos auriculares, nerviosamente movía entre sus manos un móvil. Su compañera, una chica más bien pequeña y algo recia, tenía en sus manos una carpeta repleta con folios deseosos de irse al suelo.

Repetí lo ya relatado al señor de los lentes.

Ellos lo seguían negando.

Pero lo que oí, me hizo observar mejor a aquella joven con cara de aspecto relajado, labios carnosos y unos alegres ojos oscuros muy juguetones. Enmarcado estaba aquel bonito rostro por una larga melena negra algo rizada.

—Ya lo veo —dijo.

«Tengo cómplice», fue lo primero que pensé en mi interior, y agradecí la gran imaginación femenina.

Mi agradecimiento aumentó, cuando se acercaron dos chicas que paseaban un pequeño perro, y ella, la chica de los alegres y juguetones ojos oscuros, hizo suyo el luminoso descubrimiento, y trataba de mostrarlo agregando puntos de referencia. Se sumaron más y más curiosos, hasta ir formando pequeños grupos donde no faltaban los que negaban todo, mientras que por otro lado eran muchos los que aseguraban ver aquel punto brillante en movimiento, para ir formando círculos entrelazados.

Ahora en casa veo en la televisión a los entrevistados, y escucho como algunos van asegurando haber sido los primeros en ver aquel punto luminoso. Otros, con ese tan común afán de protagonismo, decían haber mirado al cielo porque oyeron un trueno, mientras que no faltaban quienes aseguraban haber visto un potente rayo de luz surcando el horizonte.

Hoy me conciliaré con el sueño, pensando en aquel imaginario punto luminoso de círculos entrelazados. Pero sobre todo pensaré, en esa facilidad que tenemos para hacer verdad una mentira.

DOCE + UNO. CARAVANAS

Caravanas de recuerdos en mi alma y en mi mente.
Caravanas que dieron inspiración a mis cantos y a mis poemas.
Cantos y poemas que hablaban de ti,
del amor que dio la piel de tu cuerpo
y del oasis que encontré en tus escondidos labios,
los que llenos de suspiros y quejidos
enmarcaban nuestros encuentros,
caravanas que hoy enlutan mi vida
al querer difuminarse en ellas tu recuerdo.

CATORCE. LUGARES

Hoy visité nuestros lugares,
qué recuerdos.
Tú estás ausente, todo es nuevo,
volviste a casa.
Ahí te llenarás de recuerdos
y yo estaré lejos, aquí,
lejos añorando nuestro verano,
ese que está guardado en el cofre del mutismo
porque yo no lo hablo, o porque tú lo callas.
Maldito tormento.
¿Hasta cuándo?
¿Hasta cuándo seremos el silencio del recuerdo?
Hoy visité nuestros lugares.

QUINCE. EL REPARTO

Según el principio bíblico, la oscuridad cubría la superficie del abismo. Todo era nada y la nada era todo. Un solo Dueño y Señor fue el principio. Pero ese Dueño y Señor quiso matar aquella eterna soledad en la que se veía sumergido, y deseó compañía.

Si no, ¿quién alabaría su omnipotencia?

Por eso creó sus ángeles de compañía. Mas segundas partes por lo general no suelen ser todo lo bueno que de ellas se espera. Aun así, el Dueño y Señor siguió creando. Y fue ahora su novísima creación la que dio origen al celo de sus ángeles y... se amotinaron. Ellos querían algo de aquella magnificencia, querían parte de la novísima creación: el hombre.

Entonces surgieron los primeros grupos, y con ello se dio paso a los primeros enfrentamientos. Más el Dueño y Señor que vio perturbada su eterna paz, ideó una bastante ecuánime salida. A su mayor opositor, Satanás, le dio el reino del fuego y del mal. Al más obediente lo llamó *hijo,* y le encargó la misión de predicar su grandeza. A los otros enfrentados los distribuyó por todos los confines de la tierra y las estrellas. El rayo se encargó de transportarlos, y es ejemplo de ello la diosa Bachué. Bachué salió de la laguna de Iguaqué llevando en brazos a un niño y, al hacerse adulto ese niño, con él procreó y pobló el territorio colombiano.

En los cielos reinó la paz, por eso el Dueño y Señor durmió. Pero la tierra se vio poblada de rebeldes gazuzos de poder y de gloria, los que, siguiendo el ejemplo del Dueño y Señor, crearon nuevos subgrupos. Subgrupos no de dioses. Subgrupos de humanos que, queriendo ser dioses, dieron forma a nuevas y distintas ideas de enmascarados seres celestiales. Nacieron así los santos, los brujos, los chamanes y los políticos, quienes se encargaron de dividir la mente de los pobladores de la tierra, y hacer de ella el peor de los infiernos.

DIECISÉIS. TÚ

Ayer mis sueños eras tú.
Sueños de luces en la oscuridad de la noche
y bajo la cálida cobija de nuestros cuerpos al alba.
Por eso me alejo del presente,
para deshacer el camino que dio origen a este hoy
y poder volver al pasado,
porque quiero ver la cara del ayer
y en ese reencuentro
renacer mis sueños
para que eternamente en ellos
vuelvas a encontrarte tú.

DIECISIETE. PLEGARIA

Jamás podrá un verso, un canto o una flor
ser fiel reflejo de mis sentimientos,
pero… ¿quizá una oración?
Sí, quizá una oración logre
que Dios ponga en mis labios su palabra
y su palabra mensajera de esta locura de amor sea.
Pero no, qué iluso y loco pensamiento.
Dios duerme;
por eso ni en los cielos ni en tu alma
se escucha el clamar de mi plegaria.

DIECIOCHO. EL ATAQUE

No quiero justificarme, como tampoco quiero entrar en el debate de si la crueldad es innata al ser humano, o si ella se va forjando según el ambiente donde nos ha tocado vivir.

En ningún momento puedo negar que aún hoy día, me sigo reprochando aquellos actos realizados en compañía de otros *pelaos* del barrio para con un compañero de juego.

Nuestras diversiones se resumían en jugar al trompo, la bolita uñita, la carrumba, la cucunubá, o el ir a cazar pájaros y culebras.

Quizá la diversión más frecuente sin lugar a dudas era jugar a la bolita uñita. Este juego consiste en colocar una bolita de cristal por parte de cada jugador en el tribilín. Este tribilín lo hacíamos en la arena, y le dábamos una forma parecida a la figura de un pez sin aletas y sin cola. Luego a la distancia de unos tres metros del tribilín, se traza una raya paralela a este y, sin sobrepasar los pies de él, se tira otra bolita tratando de dejarla lo más próxima a esa raya, pues quien más cerca quede de ella será el primero en tirar hacia el tribilín, intentando quedar lo más cerca posible de las bolitas, pues también será el primero en tirar para sacar las bolitas del tribilín y hacerlas suyas. Normalmente, la manera de tirar se hace aprovechando el impulso que imprimes a tu bolita de cristal, después de colocar la yema de tu dedo pulgar sobre el borde externo de la falange distal del dedo índice de la misma mano, con este ligeramente flexionado. Manteniendo esa pose, aproximas la uña de ese dedo índice a tu bolita de cristal, la cual saldrá impulsada al estirar dicho dedo. Si la bolita impulsada saca una o varias bolitas del tribilín, esa o esas bolitas serán tuyas.

Pero, si atinas con tu bolita de cristal a la de otro de los jugadores, habrás ganado la partida, haciendo tuyas todas las bolitas que en ese momento estén en el tribilín.

Refiero todo esto, porque aquel jugador que con frecuencia atina desde una distancia considerable a las bolitas, se dice que pega mucho.

Pues bien, había entre los compañeros de juego un *pelao* que pegaba mucho, equivaliendo esto a que casi siempre nos ganaba. Pero este *pelao* tenía un mal que se ponía de manifiesto cuando se cabreaba, respondiendo con una caída al suelo mientras su cuerpo era recorrido por unos temblores. Temblores acompañados con frecuencia de la salida por la boca de mucha saliva en forma de espuma, y algunas veces incluso se meaba. Luego se quedaba quieto como si estuviera muerto. Cuando se despertaba, no solía recordar casi nada de lo sucedido.

Ya anteriormente lo comentaba: todo esto le pasaba cuando se cabreaba.

Nuestra crueldad radicaba en que, cuando nos había ganado nuestras bolitas, le propinábamos todo tipo de insultos dando vueltas a su alrededor y, en el momento de caer al suelo y quedarse quieto como un muerto, aprovechábamos esa situación para recuperar nuestras bolitas, sacándolas de sus bolsillos.

DIECINUEVE. ES TIEMPO DEL OLVIDO

Cuando la fuente del deseo tomó vida en el brillo
que emanaba de tus ojos,
tu cadera y sus escondidos labios fueron vergel de miel,
ese que con su aroma violó mi pensamiento
para que dos cuerpos ansiosos por detener el tiempo
se entregaran desnudos al placer
y se abrieran los pétalos de tu jardín
para hacer de un tierno capullo
lujuriosa y bella flor
ayer, ayer.
Pero la realidad de hoy
es solo el doloroso cementerio de recuerdos,
esos que a diario mordisquean mi mente
para tornarla en errante peregrina
persiguiendo la realidad del ayer
y encontrar allí la lozanía perdida,
y así nuevamente amarnos y amarnos.
Pero hoy solo encuentro la tortura que hiere
de unos sueños por siempre idos,
los que buscan consuelo en el mañana,
donde quizá se esfumen los recuerdos
y encuentre la soñada dicha del olvido.

VEINTE. CAUCE SECO

Quiero paz.
Encadenaré mis sentimientos.
No más sueños de nevadas cimas
ni del amor que llenaste de ellas
porque cuando de nieve tu deseo cubriste,
también hiciste nieve tu silencioso olvido,
y ya no quiero ser más cauce seco
ávido de las aguas del deshielo.

VEINTIUNO. COGER PUNTA

Muchos actos cometidos durante la niñez, en algunos casos son el preludio de aquellos que realizaremos de adultos.

El ambiente de nuestra costa norte colombiana es sumamente caluroso y húmedo, por eso de muchas maneras ellos nos van condicionando nuestra manera de ser y de vivir.

La ropa de la mujer, al ser más ligera, fresca y fina, se ciñe con facilidad a sus contorneados y hermosos cuerpos. Se vive de cerca la carne, el sexo.

Ya desde niño oímos hablar de la belleza de un cuerpo desnudo de mujer, y la curiosidad nos corroe la mente. Así, desde temprana edad nos fijamos en si, al sentarse una mujer o al cruzar sus piernas nos deja ver algo de su ropa interior o algo más. A esto lo llamamos *coger punta*.

Pues bien, de los *pelaos* que solíamos sentarnos por las noches a la orilla del sardinel de la tienda de la esquina, refiriendo cuentos de brujas, de vampiros y de mojanes, todos seguiremos recordando a... llamémosle Beto.

Beto tenía una hermana de unos doce años. Una hermosa niña en plena pubertad.

Es el momento de recordar que en mis días de niñez los patios en mi pueblo eran amplios y sombríos. Que los cuartos de baño solían ser cuatro paredes sin techo, y por lo general sitos a la sombra de frondosos árboles. Que también era una costumbre muy arraigada entre las muchachas jóvenes, la de que, antes de salir a pasear por la única calle pavimentada del pueblo, llamada La Pasarela, se arreglasen por las tardes después de haberse dado un baño[2]. También me trae el recuerdo que el cuarto de baño de la hermana de Beto, quedaba a la sombra de un colosal

---

[2] Ducha.

palo de mango, y era sin lugar a dudas el baño más esperado por la pandilla de *pelaos* amigos de Beto.

Beto había montado ahí su lucrativo negocio. Nos cobraba dos centavos por cogerle punta a su hermana cuando se estaba bañando. Pero, si alguno se hacía la paja mientras contemplaba desde el palo de mango aquel hermoso cuerpo completamente desnudo, el valor por coger punta subía a los cuatro centavos.

Beto es hoy día dueño de uno de los prostíbulos en el pueblo.

VEINTIDÓS. A TU VENUS

Ven,
haz realidad mis sentimientos,
dame la miel de tu deseo
para que no haya en ti ni miedo ni pudor
al entregarte a mí desnuda,
que desnuda se entrega la sabana al sol
y la espiga se desnuda al viento.
Ven,
que quiero llenar de tu néctar mis labios
cuando esa escondida Venus les dé su miel.

VEINTITRÉS. LA NOCHE Y EL DÍA

Hizo oscuro y silencioso su andar
para que sus pasos la llenen luego de fulgurante luz
y así lucir su brillo entre el bullicio del gentío;
mas, cuando callen en él las voces,
el cielo cobijará nuevamente su andar
en los senos del oscuro silencio
para que allí gire nuevamente la ruleta de luces y sombras,
y en ese sutil coqueteo con lo infinito
alternen la fulgurante luz y el oscuro silencio.

VEINTICUATRO. DIOS NO SE EQUIVOCÓ

Dentro de toda esa seria de pendejadas con las que le gusta divagar a mi mente, hoy me comentaba: «¿Qué pensaría Dios antes de crear?».

Quizá simplemente se dijo: «Qué solo estoy. Tanta grandeza y tanto poder para qué. Nadie reconoce mi gran sabiduría. Nadie sabe que puedo modificar todas las cosas. Pero qué voy a modificar, si nada he creado». Y entonces Dios se asomó al abismo oscuro, y en ese momento su movimiento dio inicio al tiempo. Había creado. Por eso Dios durmió satisfecho.

Pero el tiempo recién creado, aprovechándose de que Dios dormía, con su lento pero implacable seguir adelante, vio que iba modificado lo que su estela dejaba a su paso. Dios no se equivocó. Se equivoca el tiempo. Porque el tiempo es quien sigue creando, creyendo erróneamente que lo que crea es para hacer realidad el sueño de un Dios que duerme.

VEINTICINCO. AQUELLA NOCHE

La miel del deseo bebí en tus labios
cuando acariciaban mis manos dos flores
enhiestas cimas de piel canela
en aquella tarde de fantasía tan llena.

Porque tanta fantasía en mi alma tus ojos fueron
que al ver en sus aguas dibujado mi rostro,
quise acariciar del edén su fruto prohibido,
y lo negaste, y roto quedó nuestro idilio.

Luego tu sollozar fue largo silencio
y cuando aún flotaban de aquel ensueño sus vapores,
desterrado quedó mi deseo del edén prohibido
y vacías mis manos sin tus dos flores.

VEINTISÉIS. RENUNCIO

Mujer, sé que te quiero,
pero temo tanto recordar esa verdad
porque recordarla es cavar mi propia tumba
y no poder olvidarla
el peor de los castigos.
Y como no quiero sufrir tan pesado sino,
modificando vivo tu recuerdo
para modificar también en lo posible
lo que sufro al saber lo mucho que te quiero.
Y yo quiero olvidarte,
pero el temor de la duda me invade
y quien duda solo a partes muere;
mas, si la muerte causa el olvido,
hoy cavaré mi propia tumba.
Juro, juro que te quiero.

VEINTISIETE. CONTESTANDO LA VERDAD

Existía en un tiempo ya pasado en casi todos los pueblos de la costa norte colombiana, la arraigada costumbre de que, cuando las mujeres jóvenes eran solicitadas en noviazgo, estas llevasen a su pretendiente a la casa familiar para ser presentado. Se solía acompañar aquella presentación como mínimo de un íntimo agasajo.

Se reunieron para uno de esos noviazgos los respectivos padres y hermanos, y, como era de esperar, la pareja agasajada. Una pequeña fiesta cumplió con todos los actos que mandaba un protocolo no firmado.

Quizá ya sea hora de decir que el futuro miembro de la familia, si todo seguía el curso esperado, era un hombre tan extremadamente feo, que sobrepasaba lo imaginable.

Los padres del novio, queriendo devolver parte de ese agasajo, propusieron darle continuidad en su vecino pueblo. Puestos todos de acuerdo, partieron en sus respectivos carros.

Pero cosas inesperadas suceden.

El carro donde iba la novia y sus familiares sufrió un accidente. A Dios gracias no hubo que lamentar víctima mortal alguna, aunque sí la fractura del brazo de la madre de la novia. El hijo de la accidentada, médico, rápidamente se hizo cargo de la situación y, mientras se esperaba la llegada de una ambulancia, iba prestando los primeros auxilios a su madre. Entretanto, la novia toda nerviosa no dejaba de insistir con una frecuente y machacona pregunta a su hermano, mientras trillaba la arena con un fastidioso ir y venir.

—¿Yo qué tengo? Dime la verdad. ¿Yo qué tengo?

Su hermano, el médico, se quedó mirándola un rato para simplemente decirle:

—Tú, mal gusto.

VEINTIOCHO. EL DORMIR DE LOS SUEÑOS

Cerraré la pluma y romperé la hoja de papel.
Hoy dormirán mis sueños,
tú lo has querido.
Dormirán en mi alma los sueños del ayer,
esos que para ti hice versos
y que hoy humillados duermen
disimulados con la máscara de la risa
y la hipocresía de la renuncia,
porque el alma no renuncia a lo que ha querido,
sus sueños, nuestras fantasías,
esas que hoy se hundirán en el mundo del recuerdo
cuando cierre la pluma y rompa el papel;
pero mi alma es débil
y a gritos pide que vuelvan
para hacer como despedida un postrer ruego
que no cierre la pluma ni rompa el papel,
porque quizá mañana,
quizá mañana sea el despertar de nuestros sueños.

VEINTINUEVE. LAS HOJAS DEL OTOÑO

Cuando el helado viento soplaba,
mudas y sin eco alguno las vi caer
haciendo de su adiós un silencioso abaniqueo
y apilarse a los pies de un gigante erguido,
ese que duerme para mantener su vida,
una vida que en parte recibe
de aquellas que muertas abonan la tierra
y alimentarán la herencia hermanada
que traerá la próxima generación
con la llegada de otra primavera.

TREINTA. LA PIEDRA DEL COCUY

Cuando estudiaba en la escuela pública de varones en mi pueblo, me tocó estudiar la entonces Comisaría de Guainía. Fue la primera vez que escuché hablar de la Piedra del Cocuy y de su estratégica situación limítrofe entre Colombia, Venezuela y Brasil (en realidad lo es la isla de San José sobre el río Guainía y frente a la Piedra del Cocuy). También fue la primera vez que escuché hablar de la soberanía de los estados, de exiliados políticos, de cambiar la nacionalidad, además de una larga charla sobre tratados y castigos para aquellos que violaban el territorio nacional. Todo aquello despertó mi imaginación infantil. Desde ese día, no dejó mi mente de viajar por el infinito mundo de los sueños. Me imaginaba cómo sería vivir en una casa en la Piedra del Cocuy. Veía el comedor perteneciendo a Venezuela, el dormitorio a Brasil y la sala a Colombia. Me moría de la risa al verme libre de cualquier castigo por parte de mis padres, por haberle dicho «hijo de puta» al vecino, romper con mi honda el cartel publicitario del señor Morelli, gritarle «loco» a Macené o cogerle punta a Fidelina; sin olvidar los días de leva[3] para irme a bañar en el río Chimila. No habría castigos: los evitaría pasando de la sala al cuarto de baño o al comedor, y así disfrutar del tan trillado asilo político. Eso sí, cada uno de los cuartos tendría que tener un patio, para cagarme en él si no eran respetados mis derechos de exiliado.

---

[3] No ir a clases.

TREINTA Y UNO. TÚ ERES LLAMA

Si se fue la alegría de tu risa y el calor de tu mirada,
¿para qué quiero amar?
¿Y qué hacer?
¿Quemar por ello mis poemas?
¿Amputar mis manos para no caer
en la tentación de escribirte un verso?
¿Romper con el espejo de la vida?
¿O apagar la llama que arde en el silencio del recuerdo?
No,
porque esa llama eres tú.
Tú que eres mis poemas, mis manos, mi vida.
Tú eres ese recuerdo que en silencio acecha
a la espera de que esa llama nuevamente mi soledad cobije.

TREINTA Y DOS. UNIDOS

Te conocí con el alma herida,
sangraba el dolor de tu primer amor,
y yo, que desde tiempo atrás sufría
por las penas de tu corazón,
hice para él espejo con el mío
porque las penas compartidas
hacen más leve su dolor.
Y así,
cuando vayamos unidos como cuerpo y sombra,
y veamos la luz de un común horizonte,
la alegría morará en nuestros corazones
al darle futuro al sentimiento que hoy nos une.

TREINTA Y TRES. UNA PEQUEÑA HISTORIA

Muchas veces los cuentos, con sus frecuentes relatos, se toman como hechos históricos, en tanto que muchos hechos históricos al parecer fruto de la fantasía se convierten en cuentos: siendo la cantina, el mercado, las fritangas y, en general, todos aquellos espacios que al aglomerar a mucha gente, se hacen los viveros que mantienen vivos a unos y a otros.

Se cuenta que, como fiel reflejo de ese saber acomodarse a las circunstancias, en un pequeño pueblo del Caribe colombiano, el jefe de la policía local, un hombre muy práctico llamado Torcuato, tuvo que hacerle frente a una particular decisión.

En ese pequeño pueblo vivían tres hermanas que ejercían la prostitución. Sucedió que festejando el cumpleaños de una de las hermanas, estas fueron arrestadas por escándalo público. Después de un rápido juicio, fue fijada la cuantía de una multa que deberían pagar si querían abandonar la cárcel.

Las hermanas, cuando alegaron no tener suficiente dinero ahorrado para hacerle frente a la multa impuesta, le propusieron al jefe de la policía, Torcuato, que en lugar de seguir pagando con cárcel aquella multa y que el municipio acarrease con todos los gastos de manutención, dejara salir cada noche, turnándose entre ellas, a una de las hermanas para con su oficio reunir entre todas el dinero de la multa.

Lo dice el dicho: el tigre paga con su cuero.

TREINTA Y CUATRO. ¿QUIÉN?

Hoy serás de otro, como antes fuiste mía,
y aunque tu cuerpo no lo quiero,
el corazón no se consuela con haberlo perdido
y en sueños su recuerdo lo atormenta
porque los sueños a sus preguntas no responden
y si en ellos su dolor mi alma calla,
el grito de mi corazón inquiere
quién es dueño de tu cuerpo de niña,
quién marchita tus delicados y enhiestos senos
y quién en la locura de tu gran desespero
recibe de tu deseo con clamoroso quejido
un amoroso te quiero
de unos labios y un cuerpo que ayer fueron míos
y que hoy
el alma en silencio sabe que los ha perdido,
y mi corazón, que es mucho lo que aún te quiero.

TREINTA Y CINCO. A UNA MUJER

Maldigo estos dedos que toman la pluma,
maldigo mi mente al orientar mis actos
y maldigo mi verso por saber que siento,
pues, muriendo mi alma de amor,
no pueden explicarlo
y viviendo por ti, no deben decirlo.

Y tú mujer, no ves que mi alma doy al infierno
al vivir callando aquello que siento
porque quiero gritarlo y no puedo
describirlo, paralizó mi verso,
y quedas sin saber por ellos
lo mucho que te estoy queriendo.

Mas, si pudieses asomarte a mi alma
al ver el infierno que estoy viviendo,
amaría tu amor el silencio de mi verso,
pues amando como yo te amo,
ellos tienen que seguir callando.

TREINTA Y SEIS. EL DIAGNÓSTICO

Hay momentos en el ejercicio de mi profesión, en los que hubiese deseado no tener la desagradable obligación de comunicar un diagnóstico.

Llegó puntual a la cita.

Vestía pulcramente un pantalón de color negro y una camisa de seda verde claro. Llevaba solo brillo en sus labios y lucía una larga y hermosa cabellera negra.

Después de dar los buenos días, me hizo saber que el motivo de su consulta, era recoger el resultado que el neurólogo le había dicho remitiría a su médico de cabecera.

Leí nuevamente el resultado del informe que tenía ante mí, aunque ya por costumbre suelo leer los informes de los distintos especialistas antes de empezar la consulta, y así disponer de un tiempo extra para irme planteando el tratamiento, si este está dentro de mi competencia como médico de familia.

Leí para ella el informe que tenía en mis manos.

Luego la vi salir con la cabeza hundida entre sus hombros y, por un momento, me puse en su lugar.

Pensé que para ella se iría difuminando el recuerdo como se difumina la oscuridad de la noche, con el despertar de las primeras luces del alba. Que hoy su mente, basándose en el recuerdo, tendrá imágenes, palabras y hechos que, aun tamizados por el tiempo, son la realidad de su vida: su yo.

Qué será ella sin sus recuerdos, sin sus sueños... Nada. Olvido.

Porque el recuerdo es el soplo que mata al olvido.

Por eso sin recuerdos no tendrá familia, ni patria, ni pasado, ni futuro: porque toda vivencia se irá perdiendo con la misma rapidez que apareció. Y así llegará un momento en el que solo habrá un fugaz presente. Ese presente de cuya existencia se tiene noción porque lo mantiene el recuerdo. Ese instante llamado *presente*, que dura menos de una millonésima de segundo, pasa a ser parte del pasado con la misma velocidad. No hay pues tiempo para ese presente sin el pasado. Un presente con la única grandeza de ser la fugaz pasarela que une un moribundo futuro, con un pasado recién nacido.

Y seguí pensando que ahora su mente enferma se irá deteriorando hasta dejarla sumida en el olvido, viviendo el efímero mundo del presente. Un presente que al hundirla en las negras sombras de su mente hecha olvido, la hará vivir sin la noción de que aún vive, para quedar siendo el pesado busto de un cuerpo, con el único futuro de enraizar en un sillón o en una cama. Cuando ese momento llegue, ¿quién será ella?

No habrá ella. Porque en su mente no hay recuerdos.

Hoy le hablará a su yo para hacerlo olvido.

TREINTA Y SIETE. LA LLUVIA Y MIS LÁGRIMAS

Duendecillos que tocan mi ventana,
gotas de lluvia,
susurrar de perdidos amores,
tristeza que el recuerdo en mí deja
de aquellas lágrimas que desvaneciéndose con la lluvia
ahogaban el sabor amargo que en mi boca ponían ellas,
duendecillos que tocan mi ventana,
gotas de lluvia,
dogales que me tienen preso,
dogales que a mi alma hieren
al no poder diluirse en ellas tu recuerdo
como en la lluvia mis amargas lágrimas,
duendecillos, gotas de lluvia,
ventanas que me asoman al pasado.

TREINTA Y OCHO. CAMPOSANTO

Qué triste la soledad de un camposanto,
inmenso océano sin farallones ni playas
donde el cielo no escucha los gemidos
porque el eco los esconde y calla.

Qué triste la soledad de un camposanto,
eterno mundo de oscuras noches y gélido frío,
donde no hay lágrimas para lavar las penas
en las fosas que silenciosas guardan
el abandono vivo que a los muertos damos.

TREINTA Y NUEVE. COSAS DE LOS IDIOMAS

Otra vez ella. Hoy mi mente me está haciendo una pregunta tonta, idiota y pendeja. Pero como quiere que la escriba, lo hago para ver si así alejo su pesado runruneo.

Se le dice *analfabeto* a quien no sabe ni leer ni escribir. A quien no oye se le llama *sordo*, para tildar de *mudo* a quien no habla.

La pregunta pendeja de mi mente no es otra que: si por ejemplo me voy al Japón, yo que no hablo japonés, no lo leo, no lo escribo ni lo entiendo; pero da la casualidad de que no soy analfabeto, ni sordo, ni mudo. ¿Qué soy en japonés? No me vale lo de analfabeto en japonés, porque de ahí partiría por regla mayoritaria al desconocer muchos idiomas, además de los incontables dialectos existentes en el mundo, que sería más correcto llamarme *multianalfaidiomas*.

Dentro de esta cascada de pendejadas con los idiomas, recordé una pequeña historia tan idiota con la anterior pregunta.

Se cuenta en mi pueblo que el hijo de un rico y conocido ganadero, se fue de estudio a un país de habla inglesa. Que pasado un tiempo el hijo le escribía a su padre: «Papá, el inglés no me entra, me resulta imposible saber lo que dicen, y no doy para hablarlo ni leerlo. Además, como no tengo con quien hablar en español, este se me está olvidando».

El padre todo alarmado le puso un marconigrama urgente con este texto: «Regresa pronto a casa, no sea que te hagas sordomudo».

CUARENTA. ESPEJISMO

Nuevamente la pluma entre mis dedos.
Hoy vi a mi joven niña
y con su rostro llené el espejo de mis pupilas
cuando sedienta mi boca...
¡Oh!, qué hermoso el mundo de los sueños,
y espejismo
la miel que bebí de sus labios.

CUARENTA Y UNO. AYER Y HOY

Ayer conocí la dulzura y la felicidad,
conocí la bondad y la belleza del alma,
conocí el amor,
conocí..., conocí a una mujer,
pero por vacíos panfletos de nuevos amoríos
renuncié a seguir leyendo tan hermoso libro
y hoy ella camina segura y erguida con su luz,
y yo... como la sombra.

CUARENTA Y DOS. EXTRAÑOS EN MI MENTE

La lluvia ha sabido con su frecuencia borrar mis pasos y, en su correr el tiempo, deformar el recuerdo. Aun así, algunas veces creo escuchar aquel chillón timbre y el no menos ensordecedor motor de la bomba del agua. Pero quizá lo que más ocupa mi recuerdo, sea aquella dulce y suave voz llenando mi extraño sueño.

Como la anterior noche me habían ofrecido trabajo, debía presentarme en el ambulatorio de una pequeña localidad cercana a la ciudad de Zaragoza, donde sustituiría a un colega durante aquel largo fin de semana de diciembre.

En medio de tanta prisa, logré sacar un poco de tiempo para elaborar un pequeño y muy particular vademécum. Vademécum que fijé a la tapa de mi maletín de urgencias por su parte interior. Recuerdo que serían cinco o, a lo sumo, una docena de nombres comerciales los que conocía. Ahora tenía casi treinta en mi nuevo vademécum. Me sentí por eso poseedor de una pequeña pero muy práctica fortuna.

Realizaría el trabajo ofrecido de viernes por la tarde a martes por la mañana, ya que el lunes era día festivo. Noventa horas de tensión para un principiante. Durante mi trabajo me tocaría hacer además de médico, las veces de enfermero y de portero. Estaba solo. Mis compañeros eran un largo pasillo, cuatro consultas cerradas, una sala de espera, el cuarto de aseo y una pequeña habitación haciendo las veces de dormitorio, donde había una aún más pequeña cama plegable, para completar lo que sería mi pasajero nuevo hogar.

Estaba y me sentía solo. No tenía siquiera el consuelo de la charla para poder distraer en lo posible aquella gran responsabilidad. No recuerdo haber rezado tanto desde el día que hice mi primer viaje en avión. No sabía qué pensar. Atrás había quedado la falsa seguridad que brindan las discusiones teóricas en las reuniones con los amigos. Esto era real. Había sonado el timbre.

Fue un aguijón, un sobresalto, o quizá solo el sudor que empezó a rodar por mi cuerpo. Esperaba se abriese bajo mis pies el suelo y fuese engullido por la tierra. Por eso no recuerdo cómo lo hice ni cuánto tiempo tardé, pero había abierto la puerta. Y si unir eslabones hace poco a poco mayor la cadena, fue afrontar una y otra vez aquella realidad lo que dio vida a las enseñanzas recibidas en mis años de universitario.

Pero ese timbre seguía siendo mi tormento.

¿Acaso no dejaría de sonar?

¿Acaso no dejaría de traer consigo al herido o al borracho?, ¿al niño iniciando su dentición?, ¿el amplio cortejo de problemas cardiopulmonares?, ¿o simplemente la anciana que quiere una receta, o esa madre que viene a tallar a su hijo para ver si puede librarlo de la mili?

Y fue así como en lenta pero constante agitación pasaron las horas de la tarde, dándole paso a la temible noche y, con ella, una nueva preocupación: el motor de la bomba del agua rompiendo el silencio de aquel otoñal invierno.

Como mis nervios fueron cediendo al agotamiento, entre sueños me pareció escuchar una extraña voz. Era un susurro pidiendo que no se adueñase de mí pánico alguno, que solo pretendía ayudarme. Una joven viene a buscarte, porque su madre se agita en la cama como consecuencia de un cólico renal. El motor de la bomba del agua pugnaba por hacer callar aquel chillón y odioso timbre, acompañado ahora por el ruido de la lluvia.

Mis doloridos pies y mi cansado cuerpo, tensos ante aquel nuevo eslabón, me llevaron hasta la puerta, habiendo recordado evocar mientras me vestía algún chiste que cambiara mi aspecto malhumorado, y poder presentarme al abrir la puerta con el rostro sereno y en mis labios una frase amable para el enfermo.

Cruzando las calles solitarias de medio pueblo, a un edificio de tres plantas próximo a la estación del tren, acudí para tratar a la agitada y dolorida paciente.

De regreso al ambulatorio, distraje mi mente comparando realidad con la voz de mi sueño. «Vaya coincidencia», me dije. Y después de sacudir mi paraguas y cerrar tras de mí la puerta, volví al refugio de mi pequeña cama.

No sé si fue el calor de las sábanas o los retozones duendecillos de la lluvia tocando en mi ventana, quienes se aliaron con mi cansancio para hacerme caer en un suave y ligero sueño, donde se escuchó nuevamente aquella voz. Ahora me decía: «Te buscarán, porque una joven embarazada de cinco meses sangra desde ayer por la tarde».

El timbre.

¿Qué era aquello?

La voz de mi sueño hacía eco con el diálogo de aquel mensajero.

Mi regreso no fue tranquilo. No abrí la puerta. Preferí merodear alrededor del ambulatorio cual celoso amante la ventana de su amada. Temía entrar, porque temía ser vencido nuevamente por el cansancio y la armonía de la lluvia. Temía el sueño que me trajese aquella voz. Entonces me sentí aún más solo. Y maldije el silencio de la noche, el silencio del timbre, y el silencio del motor de la bomba del agua. Fue un ya lejano viernes de diciembre mi primera guardia: la recuerdo y la vivo.

Me siento muy agotado porque la guardia de hoy ha sido muy pesada, y durante toda ella no han callado ni el timbre ni el motor de la bomba del agua.

Ahora, en el silencio de esta noche, oigo retozar los duendecillos de la lluvia en mi ventana y, aunque quería escribir un rato hasta conciliar el sueño, temo tanto a los extraños en mi mente, que prefiero ir a la puerta y respirar el aire con olor a lluvia.

CUARENTA Y TRES. ALAS

Qué quedó en mi corazón,
si las alas del tiempo lo cubrieron de silencio
y ellas callaron mis sentimientos,
ese trasparente huracán que vuela
y solo muere
cuando no hay sueños que lo alimenten
y al amor en mi corazón
cuando anidaron las alas del silencio.

CUARENTA Y CUATRO. CONTAGIO

Sé que sabes soñar
Y al saberlo la naturaleza
celosa quiso emular tu sentimiento
poniendo sol de primavera a la tarde de invierno
y dejando escuchar de las aves su trino;
pero al faltarle aroma al campo,
pagó la naturaleza su engaño
mientras yo feliz vivía mi locura
porque en la mente de quien es mi mundo
un sueño nuevo ha nacido
cobijar un capullo en el jardín de las flores
y darle vida al sentimiento que nos une.
Hoy sé que sabes soñar,
hoy sé lo contagiosa que es mi locura.

CUARENTA Y CINCO. LA TIERRA, EL SOL Y LA LUNA

No recuerdo dónde escuché que en un principio, hace de eso hoy muchos, incluso muchos más años de cuantos puedas llegar a imaginar: tantos que no existía ni aquello de «érase una vez».

Escuché del viento que, cuando todo era oscuridad, el Todopoderoso después de separar la tierra de los cielos, creó para alumbrar a su amada tierra dos soles. La tierra era la reina de la creación, y su constante luz la envidia de los demás planetas, ya que, al girar la tierra alrededor de dos soles, no existían para ella ni la noche ni el alba. Todo era día. Todo era luz.

Esto sucedió durante siglos y siglos. Pero un día uno de los soles apagó su luz cansado de tan tedioso ciclo. Por eso, cuando el otro sol, el que seguimos conociendo como tal hoy día, declinaba por la línea de un lejano horizonte, la tierra que no conocía la oscuridad, tembló asustada. El Todopoderoso sintió tanta pena por su amada tierra, que le dio por compañera de sus noches el titilar de millones y millones de estrellas. Al sol que apagó su luz lo llamó *luna*, y lo condenó a no volver a tener luz propia, y a que girara eternamente alrededor de la tierra rindiéndole pleitesía. Tendría además que reflejar para la tierra durante la noche, la luz que el luminoso sol le dé. Pero siempre los rayos del sol que incidiesen en ella, serían guiados por la sombra que proyectase la amada tierra, y dar con esa sombra origen a las cambiantes fases de la luna: creciente, llena, menguante y nueva.

Desde entonces, la tierra es iluminada por millones de estrellas, un sol, y el reflejo dorado que este da a nuestra hermosa y brillante luna.

CUARENTA Y SEIS. TUS LABIOS

¿Cuántas beses los besé?
Una, diez, miles… No lo sé.
Y quiero repetir esos momentos,
pero se han ido,
y cierro mis ojos para revivir con el recuerdo
el amor que en ellos encontré.

CUARENTA Y SIETE. DUENDE DEL PASADO

Por qué vuelve a mí
ese duende llamado *recuerdo*
para despertar sueños rotos del ayer,
cuando altiva y muda la vi partir.
Por qué vuelve a mí,
si silente yacía el pasado
de aquel adiós que fue grito mudo
y el eco eterno de su gran silencio.
Por eso no quiero sueños,
no quiero recuerdos.
Muy cansada está mi alma,
que verla dormida quiero.

CUARENTA Y OCHO. LA MANERA MÁS SENCILLA DE VER LA ETERNIDAD, O LA DE SER ETERNAMENTE PARTE DE LA VIDA

Muy conocido es que cada cabeza es un mundo, y no menos lo es que todo depende del color del cristal con que se mira.

Los niños, los adolescentes y los adultos jóvenes, raramente piensan en la muerte. El viejo sí lo hace con muchísima frecuencia. Quizá por ello le gusta buscar o tener como punto de mira en su corto horizonte, el sueño de la inmortalidad. Yo lo hago, y me consuela pensar en la inmortalidad. Pero no pienso en ella para creer que estaré presente en este mundo eternamente con mi cuerpo: no. Solo pienso, eso sí, que los sueños son la primera puerta que se abre en el arduo y largo camino hacia la inmortalidad. Porque el hombre nació para ser inmortal (Génesis 3-22), pero retiraron sus manos para que no comiera del fruto de la vida, como comió el fruto del bien y del mal. Pero en sus genes quedó impregnado lo que al ser creado recibió. Porque fue creado a imagen del Eterno Ser Supremo. Por eso sus genes siguen guardando en ellos, semejando un negativo fotográfico, la esencia de la inmortalidad. Solo hay que aprender a buscar la manera de revelarlos para hacerla presente. Recordemos que, cuando el hombre fue arrojado del Paraíso del deleite y de la eternidad, desnudo se enfrentó a un inhóspito y desconocido mundo para él. Pero el hombre, poseedor del don del pensamiento, se arropó con él para abrir un camino paralelo que lo llevase nuevamente al único mundo que había conocido. Ese fue su prioritario pensamiento, su primera meta. Mas la ardua realidad a la que se fue enfrentando en su hacer diario,

hizo que ese enfrentamiento le hiciese cambiar el pensamiento de volver al Paraíso, por la búsqueda de un cómodo y tranquilo bienestar. Estaba cambiando su mente buscadora de un camino paralelo que lo llevase al paraíso, por la de vivir sometido a la máxima dictada el día del castigo: «Volverás a ser polvo, porque de él fuiste creado».

Pero la sabiduría de nuestra mente se puso nuevamente de manifiesto, haciendo esporas los genes de la inmortalidad, y así protegerlos en ese nuevo mundo tan hostil. Por eso hoy debemos buscar el medio propicio para que brote de esas esporas la dormida inmortalidad. ¿Y cómo lograrlo? Debemos aprender desde ya, aunque nos cueste siglos y siglos, a alimentar nuestra mente para que sepa romper con ese conformismo de nacer y morir. Aprendamos poco a poco a despojarnos de la energía burda de nuestro cuerpo y, hacer más grande la energía sutil de nuestra mente, para hacerla eterna en ese mundo que no tendrá forma ni espacio, y volver al primer pensamiento de un mundo paralelo al del Paraíso.

Sabemos que en el momento de nuestra muerte, hay una gran liberación de energía por la eclosión general de nuestras células. Y que esa energía liberada sigue en el éter que nos rodea, chocando paralelamente con la de la creación, y viviendo la espera de ser captada por las futuras mentes forjadas durante los siglos venideros. Cuando eso suceda, se habrá revelado el guardado genéticamente negativo de la inmortalidad, porque habremos absorbido la energía paralela que nos está separando de la homónima de la creación. Cuando llegue ese momento y se absorba la energía que separa las vidas paralelas, por prevalecer la energía que atrae sobre la que expande, será el triunfo de la mente sobre el espacio. Ya no chocaremos con la energía de la creación: nos habremos fusionado. Habremos vuelto al origen. Habremos dado con esa fusión origen a un nuevo empezar. Seremos eternos. Seremos un nuevo principio. Seremos la mente transformada quizá en un átomo. En un agujero negro, o simplemente el inicio de otro Big Bang.

No debemos olvidar que el futuro es fiel a la locura del pensamiento, y, más aún, el futuro es fiel a la locura de un sueño; y la inmortalidad es el mío.

¿Pero no será en realidad que los estigmas de la locura están anidando en mi mente, o que la locura sea el único camino para tener paz a la hora de la muerte?

CUARENTA Y NUEVE. DESDE LA ETERNIDAD

Ese día que no despierte,
¿tendrá el recuerdo la fuerza de mi amor por ti
o la soledad le hará desvanecerse
como a la bruma que va al encuentro del recién nacido sol?
No lo sé,
ni quiero saberlo.
Solo quiero vivir mi locura,
esta locura que guarda tus juramentos
y cree en tus promesas de amor eterno.
Ese día que no despierte,
perderé el placer de decirte con cada amanecer:
«Gracias por quererme
y gracias por dar tanta felicidad a muchos momentos».
Ese día que no despierte…
Gracias desde la eternidad.

CINCUENTA. SOLEDAD

Si supiera desplazar mi cuerpo
con la rapidez y levedad con que lo hace el pensamiento,
volaría con él para estar a tu lado
y buscarle cobijo entre tus brazos;
pero pesa tanto la soledad que dejó tu partida
que no puede volar ni el pensamiento.

CINCUENTA Y UNO. DOS HISTORIAS

Anoche, cuando estaba sentado en la terraza del bar Gasca, en la calle Toledo de la ciudad de Zaragoza con un primo hermano mío, y mientras nos tomábamos unas cervezas que acompañamos con unas alitas de pollo fritas, mi primo, haciendo gala de una espontánea soltura para relatar sus vividas historias, me contaba que había asistido en su pueblo al entierro de un conocido suyo llamado Rafael Esteban, quien gozaba de una sobrada y merecida fama de mujeriego. Rafael Esteban, que tenía varios hijos dentro de su matrimonio, contaba con otro número considerable de ellos fuera de este. El día de su muerte, y después de haber dado todo tipo de vueltas por encontrar un nicho vacío donde enterrarlo, al no encontrarlo, Rafael Esteban iba a ser enterrado en el suelo. Aconteció, que uno de los hijos tenidos fuera del matrimonio llegó para despedir a su padre y, ante la situación ya comentada, puso en conocimiento de la viuda, que tenía un nicho vacío justo encima del que ocupaban los restos de su madre. Cuando Rafael Esteban iba a ser metido en ese nicho, se dejó escuchar el comentario hecho por otro de sus hijos: «Ahora sí está papá como él quería».

Aquella historia hizo que aflorara con el intruso recuerdo, otra ocurrencia fruto de la ingeniosa mente del ya conocido personaje de mi pueblo.

Rafael Esteban tenía dos mujeres conocidas. A una de ellas, tras un trágico accidente de tráfico, le fue amputada una de sus piernas. Rafael se ganaba la vida conduciendo una chivita que cubría el trayecto existente entre dos pueblos vecinos de la costa norte colombiana. Transportaba en su chivita, además de pasajeros, toda clase de mercancías.

Un muchacho del pueblo llamado Juan, era el encargado de cobrar los pasajes.

Aconteció que un buen día, cuando casi se había recorrido la mitad del trayecto entre los dos pueblos, dijo Juan:

—Señor Rafael, aquí hay una señora que no quiere pagar el pasaje. ¿Qué hago?

—Tú ya conoces a mi esposa, Verónica, y puedes ver que no es ella. Cuenta los zapatos y, si falta uno, no le cobres, que es mujer mía.

CINCUENTA Y DOS. UN DÍA DE LLUVIA

Las gotas que tocan mi ventana
traen recuerdos del amor que ayer me dabas,
quedando hoy solo en promesa vana
y en la inmensa pena de quien creyó le amabas.

Ese lecho que unió dos cuerpos en uno desnudo
hizo que las paredes aprendieran nuestros nombres
y en aquel luchar silencioso y mudo
me hiciste el más feliz de todos los hombres.

Pero cómo me atormenta el recuerdo hoy
al traerme lo lluviosa que era aquella tarde,
cuando dijiste: «Por gota a susurrarte voy
un te quiero, para que tu corazón lo guarde».

Mas hoy sin ti, mi corazón te busca a través del llanto
y a través de esta tarde tan nublada
para que al taparme la noche con su negro manto,
comprenda que mi amor y mi vida sin ti son nada.

Por eso el viento, la noche y la lluvia
reciben el beso de amor que guarda mi ser,
para que lleven a la que ayer fue mi novia
si uno de ellos hoy la llegase a ver.

Mas al ser el recuerdo raudo mensajero,
por amor le pido que toque en su ventana
y deje en su oído mi mejor te quiero
y en su alma el deseo de perdonar mañana.

Dile además mensajero mío,
que a diario para ella nacen
poemas tristes en mi lecho frío
porque arrepentimiento y dolor así los hacen.

Ya son solo gotas la pasada tormenta,
pero aún la mía me mantiene preso
al ser mi conciencia quien más atormenta
y al ser tu orgullo quien no quiere el regreso.

Y cuando el silencio se adueña de mí y de las paredes
porque los duendes dejaron mi ventana amada,
el corazón te pide que recuerdes
aquel te quiero, por gota de lluvia derramada.

CINCUENTA Y TRES. TU ADIÓS

Nos separamos
y quedó mi corazón cual jardín sin primavera
y se llenó de invierno su verano
para que no anidara ternura alguna
en este corazón que ahogándose vive
con las lágrimas que en mis ojos se quedaron.

CINCUENTA Y CUATRO. DE UN TRIÁNGULO A UN CUADRADO

Se dice que libre es el pensamiento, como libre es nuestro credo. Aunque muchas veces nuestro pensamiento y nuestro credo por una censura, no pueden hacerse evidentes con la escritura o la palabra.

Pero mi pensamiento y mi credo se atreven a escribir y a decir.

Se nos ha enseñado que hay un Dios padre, un Dios hijo y un Dios Espíritu Santo. Y que, al ser iguales, son un solo Dios verdadero. Se semejan quizá (guardando las diferencias) a un triángulo equilátero: tres lados iguales y una figura. Siguiendo con esa semejanza, cabría pensar que Dios padre, Dios hijo y Dios Espíritu Santo, serían los lados de ese triángulo: su contorno. Pero dentro existe lo que conocemos como área. Pues bien, esa área es el amor.

Pero ¿quién sabe más de amor que una buena madre?

¿Que un buen hijo?

¿Que una buena esposa?

¿Y quién es portadora de esos tres amores hablando de divinidades? Una mujer… María.

Ella fue hija, esposa y madre. Ella es el puente como esposa entre Dios y el hombre. ¿O acaso ese Dios para ser humano, para hacerse materia, quiso engendrar un hijo haciendo valer el derecho de rey que era? Hacer valer el derecho de pernada (*ius primae noctis*). No, no lo creo.

Pero sí creo que ya es hora de valorar al hombre, a María. Hora de romper con ese triángulo equilátero. Que sea el amor, María, quien se una como ya se unió a Dios. Que ella se una ahora a los tres lados de ese triángulo y dé forma a un cuadrado[4], y, en

---

[4] Yo, desde niño, siempre me santigüé: en el nombre del Padre (en la frente), del Hijo (en el vientre), del Espíritu Santo (en el hombro izquierdo) y María (en el hombro derecho).

lugar de tantas alianzas y tantas bienaventuranzas, ocupe por fin el hombre el lugar que le corresponde, al haber sido creado a imagen y semejanza de su Dios.

Sean pues cuatro los dioses. Hagamos un cuadrado y no un triángulo de divinidades.

María es mi pensamiento y mi credo. Ella, que cual rosa se alzó limpia y pura por encima del estiércol y las espinas de este mundo, para dar sus pétalos y su aroma a los cielos.

María: nuestro cuarto Dios.

CINCUENTA Y CINCO. A MI OTRA MITAD

Sé que te encontraré,
¿pero dónde?
¿Dónde estás, manantial de frescas aguas?
Quiero que apagues mi sed
dejando que mi alma nómada
sea tu compañera, tu amiga, tu amante.
Déjala,
es la sed que tiene ella de encontrar la tuya
porque quiero ser feliz.
Manantial de frescas aguas,
quiero entera tener el alma.

CINCUENTA Y SEIS. QUIERO

Para no morir,
el silencio se hizo palabras, y luego grafía,
porque el silencio es distancia
y la distancia mata el cuerpo
y la distancia mata el alma.
Por eso con la cercanía que dan los sueños
quiero acariciar tu cuerpo
con la intimidad de la espuma y el agua,
quiero acariciar tu cuerpo
como lo hacen tu cuerpo y tu sombra,
quiero acariciar tu cuerpo
como se acarician el calor y el fuego,
quiero acariciar tu cuerpo
como se acarician la vida y la muerte
y quiero acariciar tu cuerpo
como a las caderas el son de la cumbia.
Y en mi vigilia
quiero acariciar tu risa o tu llanto,
quiero acariciar tu recuerdo o tu olvido,
porque durante el sueño y la vigilia
quiero acariciar tu cuerpo,
quiero acariciar tu alma.

CINCUENTA Y SIETE. UN BESO

Aunque la noche sea muy oscura, no debes tener miedo. Siempre hay un hada madrina que viene a velar tu sueño, y a hablarte de un reino que se encuentra en la luna. Ella, además quiere decirte que si muchos niños con sus hadas madrinas lo visitan, será tan grande la alegría allí, que la luna se llenará de una brillante luz de color amarillo oro. Por eso, cuando mires al cielo y veas un arco que crece noche a noche, hasta hacerse una circunferencia llena de luz, se debe a que las hadas madrinas van encendiendo luces para dar la bienvenida a los niños. Pero si ves que un arco mengua hasta quedar en oscuro redondel, es porque los niños han dejado de soñar. Aun así, veras miles de hadas madrinas agitando cada una de ellas su varita mágica, para ir dando vida al titilar que tienen las estrellas. Mas, si nubes muy oscuras tapan la luna y las estrellas, es porque algunos niños no se han portado del todo bien. Pero no debes olvidar, que las hadas madrinas saben perdonar con amor, porque es el único sentimiento que guardan en su corazón. Y así verás cómo en esas noches muy oscuras, tan oscuras y negras que no puedas ver ninguna luz en el cielo… En esas noches siempre encontrarás a tu lado la mayor de las hadas madrinas. Esa hada madrina que los ángeles te han dado como regalo para velar tus días y tus noches. Esa hada madrina que quizá solo espera, que tengas un momento para mirar en sus ojos el titilar de las estrellas, y en su rostro la luz y la alegría de la luna llena, porque a recibido en sus mejillas, el beso de su hijo, toda madre.

CINCUENTA Y OCHO. MI ORGULLO

Quiero volver.
Quiero vivir a tu lado mi amor por ti
aunque el tiempo a mi cuerpo sus fuerzas haya mermado,
pero mi mente, mi amor y mis sueños jamás han decaído
porque el orgullo de ser tu hijo los mantiene.
Tú que me has dado todo,
padre, madre, familia, raza y amigos,
y bajo tu cielo
desde niño con el ejemplo tus costumbres aprendí.
Ellas que han sido el estandarte,
que con orgullo y respeto siempre he llevado
para que mi frente se presente alta
porque ni a Dios ni al hombre he faltado,
ya que respeto y sano orgullo
tus costumbres me enseñaron.
Respeto a ti y al mundo,
y el sano orgullo de sentirme un buen colombiano.

CINCUENTA Y NUEVE. CENIZAS

Tú y yo,
una sombra que dibujó la luna
porque esa noche de plenilunio
sombra mía fuiste,
pero al marcharte,
sola quedó mi sombra
reviviendo las cenizas del pasado.

SESENTA. ASÍ LO VEO

Ante todo, mis disculpas si ustedes lo ven de otra manera. Pero yo lo veo así: empatía, química, flechazo, simple atracción y, así un largo etcétera de palabras que se emplean para decir o tratar de explicar por qué nos enamoramos. Ese enamoramiento que es una lucha en espera de una recompensa, incluso batallando algunas veces contra la corriente de algunos principios, semejando con ello al vuelo de las cometas, que logran su añorada meta de elevarse hacia los cielos, solo luchando contra los vientos.

No ocurre lo mismo con el amor. Este no espera nada. Mientras el enamoramiento sí. ¿Será acaso el enamoramiento la timidez de decir «te deseo»? Por eso suele morir cuando este muere.

Pero quizá lo que más se parece al amor es la amistad. Aunque hay que tener mucho cuidado, ya que algunas personas se dicen ser amigas solo para criticar, tomando como escudo ese sentimiento. Debemos tener presente que si queremos como amigo solo a aquel que piensa, vive y se comporta como nosotros, más nos valdría comprarnos un espejo muy grande en el que podamos darle cabida al doble de nuestro yo. Amigo es aquel que te acepta como eres, y no ese que quiere modelar tu sentir a sus convicciones e intereses. Ser amigo es aceptar, no ser juez. De ahí que amor y amistad son sentimientos únicos, callados y eternos. Amor y amistad son sentimientos que emanan generosidad y comprensión.

Entonces, ¿quiénes pueden amar, y q0uiénes pueden ser amigos?

Solo las mentes nobles.

Una mente noble no odia, perdona.

Una mente noble no pide, da.

Una mente noble no critica, comprende.

Una mente noble no cela, confía.

He aquí lo que desinteresadamente ofrecen el amor y la amistad: perdonar, dar, comprender y confiar. Estas son las únicas puertas que nos asoman al amor y la amistad, y el tiempo se encarga de consolidarlos.

SESENTA Y UNO. HOJA DE OTOÑO

Mi querida niña,
temo por ti,
pocos son tus años
y tu mente se está abriendo al mundo,
y aún es cambiante al influjo de la palabra.
Por eso temo por ti,
pequeña hoja de pocas primaveras.
Temo que no resistas el huracán de la seducción,
esa que se enmascara tras frases que adulan,
cargadas de engaño y de pasión,
heladas brisas del otoño.

SESENTA Y DOS. SOMBRAS

Cómo yo la amaba
solo mi corazón y mis noches lo saben,
porque noche hice mi amor para igualar su sombra,
mas la silenciosa luz del alba
no mostró piedad alguna
cuando celosa difuminaba las sombras.
Y yo que quería seguir amando su sombra,
vi como el amanecer destruía la que tanto amaba
y luché aumentando el hambre que tenía de ti
haciendo del día interminable noche,
y tú,
tú te hiciste luz del alba.

SESENTA Y TRES. COLOMBIA

Ella sigue esperando envuelta en su amargo llanto.

Ella sigue esperando aun después de muchas y largas décadas de sangre y sufrimiento.

Ella sigue esperando como lo hace toda madre, con amor.

Ella sigue esperando que sus hijos no busquen el distanciamiento que generan el odio y su más fiel esbirro: la venganza.

Ella quiere que engrandezcamos las numerosas costumbres que nos unen, y abramos entre todos muchas fosas para sepultar el odio, el hambre y el analfabetismo.

Ella quiere elevar el obelisco de la igualdad, y en sus cuatro caras leer: «Educación. Vivienda. Trabajo. Seguridad».

Su corazón de madre quiere ser acariciado por la cálida brisa que dan sus costas, y por el frescor que emana de sus montañas.

Ella quiere sentir el abanicar ofrecido por la exuberante vegetación de sus llanos, y ser arrullada por los incontables cánticos y sones de su folclore musical, así como por sus variadísimas aves canoras.

Quiere ese corazón de madre saborear un tinto mañanero; lucir el verde de sus esmeraldas, el amarillo de su oro, y con la negrura de su petróleo teñir sus cabellos.

Ella quiere beber el agua de sus incontables ríos cargados de peces.

Quiere contemplar de los Andes y de la Sierra Nevada de Santa Marta, sus cimas coronadas de impoluta nieve.

Quiere seguir bañándose en sus dos océanos, mientras contempla la hermosura de su cerúleo cielo.

Quiere disfrutar de sus platos típicos y de la variedad de sus frutales.

Quiere tomarse un trago de aguardiente o de ron, bajo el cobijo que da una ruana o un sombrero sabanero.

Quiere ver sus fiestas enmarcadas con sus orquídeas, sus rosas y sus claveles, y en sus pupilas reflejar las gorditas de Botero.

Quiere por las tardes leer a Jorge Isaac, a Vargas Vila, a García Márquez, y a los niños enseñarles nuestra heroica historia, y el gran legado de los abuelos.

Pero Colombia gustosa renunciaría a todas las riquezas y bellezas dadas como premio por la naturaleza. Renunciaría a todo. A todo, por ese esperado abrazo fraternal que una por fin al pueblo colombiano.

SESENTA Y CUATRO. AMARGA REALIDAD

Qué soledad,
me has negado tus brazos
como el ayer me negó ternura,
quedando mi ser inmerso en este océano lleno de simas
donde soy artífice de unas manos vacías
y artífice de una vida de ensoñadoras olas
cuando las playas son un mundo de realidades.

SESENTA Y CINCO. SIEMPRE LAS AMARÉ

Procesión de luces y de sombras es el recuerdo,
esa ola que acaricia las playas del ayer
cargadas de verdades que guardan mis ojos,
fantasmas de luces,
fantasmas de sombras,
porque me amaron… y las amé,
porque me odiaron… y las amé.
Ese es mi pasado
Y aunque fueron cayendo las hojas del calendario,
del tiempo pasado experiencia no aprendí
porque vivo los mismos errores,
fantasmas del pasado,
fantasmas que hoy bendigo
porque sus palabras me siguen enamorando
y en sus juramentos sigo creyendo
aunque caiga en los mismos errores.
Y con ellos, quizá mañana,
cuando busque ayuda en el hoy ya pasado
y me niegue ese futuro también su experiencia,
seguiré bendiciendo los fantasmas del pasado
porque yo… siempre, siempre las seguiré amando.

SESENTA Y SEIS. DOCE + UNO

Ese irracional miedo creyendo que detrás de objetos, fechas o animales se esconden ocultos maleficios, está tan arraigado en muchos lugares, que ha terminado por ser parte viva de su folclore.

Un gato negro, pasar por debajo de una escalera, escuchar el grito de una lechuza, un martes 13, derramar la sal, romper un espejo, un sombrero encima de la cama, el número 13, etc.

Sería casi interminable la lista si siguiésemos enumerando muchos más presagiadores de males.

En un país caribeño, ejemplo de hasta dónde puede llegar una superstición, han hecho desaparecer el número 13. Así vemos cómo para enumerar las páginas de un libro se emplea «12 + 1». En otros lugares han hecho desaparecer de los hoteles el piso 13, saltando del piso 12 al piso 14.

Tomando como base lo trágico que cuentan del número 13, me refirió un amigo costeño que, en un caserío poblado por acérrimos creyentes de agüeros, una pareja, después de casarse, salió de la iglesia sin saber la fecha exacta en que lo habían hecho, ya que el matrimonio se celebró el 13 de enero. Pero quizá lo más grotesco de las creencias en aquel pueblo fue que, cuando a dicha pareja le nació su primer hijo el 13 de diciembre, lo bautizaron con el nombre de Noe Xisto.

SESENTA Y SIETE. TU SONRISA

Cuando muera,
ni una lágrima,
entiérrame en el recuerdo de nuestros ratos felices.
No quiero tu tristeza en el mundo de los vivos,
sonríe,
llena por completo mi alma con esa risa que tanto quiero,
porque quiero hacer de ella
el equipaje que mi alma lleve
al desconocido mundo del despertar eterno.

SESENTA Y OCHO. AQUEL ADIÓS

La vi alejarse
y envuelta iba con el silencio de su sombra
esa que próxima al claro oscuro de la tarde
proyectaba majestuosidad a su cuerpo de niña
cuando era adiós su creciente sombra
y punto deleble
el agitar de mis manos en la distancia.

SESENTA Y NUEVE. LA MANCHA OSCURA DE LA LUNA

No serían más de cuatro o cinco las familias que habitaban aquel caserío llamado La Mano de Dios. Caserío enclavado en plena montaña, sobre una amplia y larga meseta.

Los habitantes del caserío habían hundido unas madrinas en las arenosas esquinas que formaban sus cortas y estrechas calles, para poner unos mechones encima de ellas e iluminar el caserío. En las noches muy oscuras, contribuían a su iluminación los cocuyos que por el día los *pelaos* del pueblo, guardaban en una especie de cajón labrado en trozos de caña de azúcar, para sacarlos por las noches amarrados de sus dos patas traseras con hilo. Un hilo que sostenían entre sus manos, para dejar volar por encima de sus cabezas los cocuyos.

El caserío estaba construido alrededor de una amplia y arenosa plaza, siendo esta el lugar más frecuentado por los niños durante sus juegos y relatos de cuentos. Allí también se reunían sus padres, para amigablemente charlar de las faenas que los tendrían ocupados durante el amanecer.

Los hombres y las mujeres labraban la tierra, recogían el ganado y hacían queso y leche cortada.

Las casas de La Mano de Dios eran en realidad pequeños bohíos con techos de palma y paredes de barro. Los niños pasaban gran parte del día sentados en el arenoso suelo de la plaza, gastando su abundante tiempo libre, en referir cuentos una y otra vez, hasta que los más pequeños los aprendiesen. En las noches de luna llena, se hacía más concurrida la reunión al tomar parte en los relatos los padres y los abuelos.

Aun sabiendo leer y escribir los habitantes del caserío, eran los relatos la manera de mantener sus costumbres y sus tradiciones.

Además de La Mano de Dios, había otros caseríos, aunque muy distantes entre sí. El más próximo era Los Yucales, y distaba algo más de una legua. Todos los caseríos estaban comunicados entre sí por estrechas trocas, semejando delgadas y ondulantes serpientes cruzando el verdor de aquel tupido follaje que, formado entre árboles y arbustos, abrieron los burros y los mulos con su constante pisotear, cuando iban cargados de frutas y de quesos para venderlos en el pueblo.

Las grandes distancias existentes entre los distintos caseríos, había contribuido a que en cada uno de ellos sus habitantes se sintieran formando parte de una sola familia, y amantes de sus propias leyendas.

La arenosa plaza de La Mano de Dios estaba centrada por un enorme y frondoso palo de tamarindo, brindando sombra a sus habitantes durante los días soleados, así como ligero techo los días de lluvia: a su alrededor nació la más popular leyenda del pueblo.

Narran los abuelos que encadenado a ese tronco vivió durante largo tiempo el primer niño que nació en el caserío. Que sus padres habían llegado a aquellas tierras buscando terrenos altos que no se inundasen en las largas épocas de lluvia.

Se contaba de aquel muchacho que hasta la edad de los doce años fue tomado como un niño travieso. Pero a partir de esa edad sufrió un cambio muy brusco. Se pasaba las noches hablándole a la luna para evitar quedarse dormido, pues aseguraba ser poseído durante el sueño por las almas de algunos muertos deseosos de hablar con él. Se decía que su madre había recibido durante los tres primeros meses de embarazo, los rayos de una luna en fase menguante, siendo esa, según los indígenas, la causa del extraño comportamiento del muchacho y, más aún, cuando al nacer lo primero que asomaron fueron sus nalgas, y todo el cuerpo salió envuelto por un líquido pastoso de color verde oscuro, como negándose a ver la claridad del mundo. Su madre murió poco después del parto y el recién nacido vivió, gracias a que le pusieron a mamar varias veces al día, de las tetas de Carmela, nombre dado a la vaca recién parida que lo amamantó. De ahí le viene el nombre de Carmelo. Cuentan los abuelos que Carmelo vivió en la choza de su padre hasta la ya citada edad de los doce años, porque, cuando dio comienzo su raro comportamiento, su padre un buen día regresó del pueblo con una larga cadena y lo encadenó al tronco del palo de tamarindo, para que no anduviese haciendo travesuras durante su ausencia. Por las tardes, cuando regresaba su padre del pueblo, abría el candado que mantenía a Carmelo encadenado a la altura de su cintura, y lo llevaba a su choza. Nunca se supo el motivo, pero un buen día su padre no regresó. Por eso los indígenas construyeron para Carmelo un pequeño bohío al pie del palo de tamarindo, y así protegerlo del sol y de la lluvia. A su alrededor en las noches de luna llena, se agrupaban los indígenas para escuchar de Carmelo aquello que durante el sueño las ánimas le habían contado.

Una noche de plenilunio, cuando ya los indígenas dormían, fueron despertados por un fuerte ruido procedente del pequeño bohío de Carmelo. Al bohío acudieron alarmados y se llenaron de temor, cuando vieron rotas las cadenas que ya no ataban a Carmelo, y este les hablaba mientras un majestuoso cóndor lo llevaba por los cielos, hasta posarlo en la hermosa luna llena. Desde ese día la luna luce una sombra que semeja a un niño acurrucado entre montañas. Por eso, en su honor, la tradición hace de las noches de luna llena, una larga prolongación del día para referir en la arenosa plaza, alguno de los numerosos cuentos que a Carmelo le narraron las ánimas mientras dormía.

SETENTA. LOS SUEÑOS

El destello de este plenilunio
dio calor a mis ilusiones
y con ellas me adentré en el misterioso mundo de la noche,
donde viví la silenciosa compañía de los sueños
y olvidé la soledad de la vigilia,
y cuando le robé segundos de dicha al eterno tiempo,
fui feliz en el universo de los sueños,
donde me miré en el espejo de unas pupilas
y bebí la miel de unos labios.
Mas, cuando acariciaba dos tiernos capullos,
irrumpió la luz del alba
y desaparecieron aquellas pupilas,
aquellos labios y aquellos tiernos capullos;
pero aun así
no renuncio al efímero mundo de los sueños.

SETENTA Y UNO. AYER, HOY Y MAÑANA

Ayer de mi mente brotaron versos para ti.
Hablaban el amor y el desespero.
Hoy no puedo escribir a tu indiferencia
Yo que tanto te he querido.
Pero quizá mañana,
cuando los años y las canas sean mis consejeros,
mi mente escriba que no existió indiferencia
ni aquella renuncia a nuestros sueños
y desee firmar entonces en el libro del arrepentimiento
el error de haberte perdido
y solo encuentre el papel empapado
con las amargas lágrimas del olvido.

SETENTA Y DOS. LA LUZ QUE DA ORIGEN A LA VIDA, AL BIEN Y AL MAL

Numerosas leyendas caen en el fondo del olvido, porque resultan tan llenas de fantasía, que se hacen increíbles para todos aquellos que han dejado de soñar.

Nadie de palabra lo contó. Pero los espíritus de mis antepasados hicieron eco durante mi sueño. Y fue el alma del viento con su silente pasar, quien me susurró la enorme influencia que tienen los dioses en el comportamiento que mostrarán los seres humanos. Con su paso, el viento me relató que próximo a Aquitania, en el departamento de Boyacá, Colombia, las orillas de un hermoso lago de aguas cristalinas enclavado en pleno corazón de los Andes, eran frecuentadas por numerosas y enormes polillas que volaban cubiertas de un polvo oscuro. Con su aleteo, las polillas iban depositando en las orillas del hermoso lago[5] aquel polvo oscuro.

Siguió susurrando el alma del viento, que en un tiempo ya pasado, este lago fue usado como cementerio por algunas tribus indígenas durante su largo, penoso y sangriento periplo para no caer en las manos de unos foráneos conquistadores. Estas tribus velaban a sus muertos en las orillas del hermoso lago y, cuando los cadáveres eran arrojados a sus aguas, queriendo devolverle lo que ellas en un principio le habían dado, los cuerpos lo hacían impregnados de tal cantidad de polvo oscuro, que terminaron por hacer turbias sus cristalinas aguas. En la oscura profundidad de esas turbias aguas habitaba oculto Fu, el dios de los sueños. Que en esa oscuridad, lo que esperaba Fu era recibir la amorosa luz de la diosa Chía, la luna, para que ella despertara en él la ardiente sed del deseo bajo el influjo de sus dorados rayos. Los indígenas

---

[5] En el lago se fragua el origen de la vida.

siguen viendo en aquella erótica espera confirmada una de sus tantas leyendas.

El polvo oscuro destruye todo lo material, pero este nada le puede hacer al luminoso resplandor que ha sido infundido al ser por la diosa Chía, en el preciso instante de la fecundación, para darle a este ser mayor o menor brillantez de espíritu, según ella se encuentre en fase de luna nueva, creciente, llena o menguante.

Por eso sostiene la leyenda, que quien marca el nacimiento de hombres con distintos sentimientos, es la fase que presente la luna en el amoroso momento de la cópula.

SETENTA Y TRES. UN SENTIR

Oscuro el mundo,
vacía la vida
y ante mis ojos
angustia y desespero,
y quemando mis mejillas,
lágrimas de fuego,
esas dolorosas muestras de mi gran tormento
que hoy quiero se apaguen
con las esperadas lluvias del olvido.

SETENTA Y CUATRO. SILENCIO

Canto al verso que solo escuchó el viento
y a quien de su sentir quiso hacerlo mensajero
porque la pluma de su amor nunca habló
y su nombre ni sus labios pronunciaron.
Por eso canto al mutismo de las palabras,
las que cargadas de sentimientos
se ahogan en el grito del silencio
o solo lo confiesan a la mar, a la noche y a los cielos
para que ellos unidos al viento
guarden el secreto de su amor.
Por eso a ellos les canto,
mas, si el viento, la mar, la noche y los cielos
ya no puedan seguir guardando nuestros sentimientos,
sé que un día los hará realidad
ese abrazo de palabras llamado *poesía*.

SETENTA Y CINCO. ORNISAPIENS

Siempre me acuso de tener a mi mente jugando con toda una serie de pendejadas y vacías ocurrencias. Pero me gustan. Me gustan porque la vida no hay que marcarla en todo momento con una línea recta. La vida es un carnaval. Por eso debe ella tener tiempo para hacer las tonterías que le vengan en gana: siempre y cuando ese venir en gana, tenga como único principio no perjudicar los derechos de los demás.

Algunas de las ocurrencias de mi mente tienen argumentos reales, pero la mayoría carecen de cualquier base de credibilidad. Pero repito: soy feliz con ellas.

Hoy, cuando leí que en el yacimiento de Jebel Irhoud en Marruecos, descubrieron fósiles óseos de *Homo sapiens* con más de 300 000 años de antigüedad, jugó mi mente a adelantarse unos 300 000 años en el futuro y pensar que, como resultado de lo frecuente que son incinerados hoy día los cuerpos de los difuntos, ¿qué restos fósiles de *Homo sapiens* encontrarán los herederos de los actuales arqueólogos? Ninguno. Supongo, eso sí, que encontrarán restos fósiles de muchos otros animales, así como objetos que según el material del que estén hechos habrán perdurado.

Se sabe que al hombre le gustan los retos, porque muy poderosa y grande es su imaginación. Por eso cabe pensar que se preguntará: «¿Quién hizo estos objetos?». Y al no haber restos de *Homo sapiens*, quizá atribuya su creación a alguno de los sí encontrados restos fósiles de otros animales. Cabe la posibilidad de que se fije en los restos fósiles de las aves, y a estas las dé como creadoras de aquellos objetos. Nacería entonces una nueva ciencia llamada *logosornipalaios*, que viene a ser algo más o menos como la ciencia de las antiguas aves. Por simple lógica, le añadirá lo de *sapiens*. Así terminaría el hombre escribiendo la gran historia de una antigua civilización *Avícola sapiens*, con el único fin de llenar la inexistencia de fósiles óseos del *Homo sapiens*.

Pendejadas que se me ocurren.

SETENTA Y SEIS. VOCES EN MI MENTE

Abre las puertas,
que quiero ordenar en ti mis sentimientos
y no sé cómo lograrlo
porque solo a ti te tengo,
y callas,
quizá porque veloces como el rayo en ti confluyen
miles de voces silenciosas hechas pensamientos,
esos que se van perdiendo en busca de un fin;
pero al no alcanzar a ser escritos o hablados,
mueren en la morada de tu silencio
engendrando soledad,
y es en ella donde radica nuestra gran locura
al querer ordenar allí las voces del silencio.
Y yo solo a ti te tengo,
y callas.
Abre las puertas,
que colores tiene la naturaleza y textura el tacto.
Y tú qué tienes.
Ahora solo soledad y silencio,
porque no puedes ordenar las voces de mis pensamientos.
Pobre mi atormentada mente,
pobre su soledad y su silencio.

SETENTA Y SIETE. ADIÓS, LOZANÍA

Se quedó sin sueños mi mente
porque con el correr de los años
vacío quedó el lecho
cobijando cuerpos que desaparecen al abrir mis ojos,
ellos que ahogan con sus lágrimas
el recuerdo de aquella juventud perdida
y le critican al tiempo no haberla retenido
porque su adiós apagó la ilusión de los sueños
y a mi cuerpo henchido de escombros cubrió
para que a una cárcel sin rejas llamada *vejez*
la acompañe una verdad sin horizontes
y una mente que sin sueños quedó.

SETENTA Y OCHO. EL ZAPATO

Ya contaba en mi pequeño libro llamado *Ausencias,* que mi hermano Basilio se fue de tragos con una *amiga,* y esa parrandita terminó en el carro de este. Al día siguiente, le dijo Gladis Garrido Peñaranda, la esposa de Basilio, que la llevara al mercado, ya que quería comprarles ropa a los *pelaos* y toda una serie de cosas que hacían falta para la casa. Como yo me encontraba en casa de mi hermano Basilio, decidí acompañarlos. Me acomodé en el asiento del copiloto mientras mi cuñada lo hacía con los *pelaos* en el asiento de detrás. La idea era dejar a Gladis y los *pelaos* en el mercado, y así, mientras ella compraba, nosotros iríamos para hacer tiempo al almacén de granos, nos tomábamos una cerveza, y de paso comprábamos una silla de montar y una jáquima.

Ya camino del mercado, tuvo Basilio que frenar en seco para no atropellar a un *pelao* que rodaba una llanta espichada, y que iba a inflarla en la bomba de gasolina cercana. Con la frenada, asomó por debajo del asiento de mi hermano Basilio un zapato de mujer, y este, creyendo que sería un olvido de la anterior noche de parranda, cogió el zapato y esperó un descuido de Gladis para tirarlo por la ventanilla. Cuando llegamos al mercado, Gladis enloquecía buscando su otro zapato.

SETENTA Y NUEVE. LA SEGUIRÉ

Intenso como la luz del rayo era nuestro amor,
era la locura de los sueños
y del deseo su pasión;
pero poco a poco todo fue muriendo
al no volver a hablar de nuestro amor,
anidando un tormento llamado *distanciamiento*,
ese que me cubrió de la más oscura soledad
porque ella se fue con la luz del rayo
y yo, trueno me volví.

OCHENTA. CAOS

Me voy.
La noche se quedó sin luna y el amanecer sin alba
para oscurecer el mundo del recuerdo
y apagar el calor de los sueños.
Me voy,
pero bendigo la felicidad que me diste
cuando bebí la miel del amor en tus labios
y compartimos la ilusión de nuestros sueños,
esos que hoy silenciosos mueren
en esta noche sin luna
y en este amanecer sin alba.

OCHENTA Y UNO. LOS QUIETOS

Pasada Buritaca, la ciudad perdida de los Tayronas en el departamento del Magdalena, Colombia, encontré un pequeñísimo caserío de bohíos cónicos, agrupados alrededor de una amplia y arenosa plaza triangular.

Acostumbrado a los famélicos cuerpos que presentaban otras tribus que conocía, me llamó enormemente la atención que los escasos diez habitantes de aquel caserío, fuesen tan extremadamente gordos.

Aconteció que, recién estrenada la mañana, se presentaron dos flacos indígenas para hacerse cargo de todas las faenas de la casa, el ganado y el campo. Mi curiosidad aumentó, cuando aquellos flacos indígenas llevaban a los obesos habitantes del poblado hasta los dormitorios, arrastrando los asientos donde permanecían sentados los gordos.

Como la noche se había hecho dueña del poblado, me retiré en compañía de los dos laboriosos indígenas. Mi curiosidad les pidió a mis dos acompañantes, que me aclarasen por qué aquel extraño comportamiento de los escasos habitantes del caserío.

—Me dijeron que los habitantes del caserío formaban parte de la tribu de los Quietos.

—¿Por qué los Quietos? —pregunté.

—Se les da ese nombre, porque según sus creencias religiosas, su Dios los trae al mundo con el número de pasos contados, y ellos viven haciendo todo lo posible por ahorrarlos, pues no saben cuál va a ser el último. Solo se les ve caminar, cuando después de dejar de gatear, dan sus dos primeros pasos.

OCHENTA Y DOS. CAMINANTE DE ALMA MUERTA

No podré cantarte más con mis versos
porque el alma llena de amor que puse en ellos
la mataron tus repetidos desprecios
y a comunicarte solo su adiós vengo
con el último verso que dedicarte quiso.

Dijo no temer enfrentarse al juez supremo
porque cargada de amor partía
y aquel que con su amor nos paga
sabe que el suyo jamás tuvo precio.

Y llorando mi alma en su adiós eterno
sufría al dejar sola también tu alma
porque, si sin alma quedó mi cuerpo,
ya no hay amor en él para amar la tuya.

Por eso sigo como errante mi camino
sin recordar lo que tu amor me hizo,
ya que nada importa en la vida
si queda un cuerpo vivo
con todo sentimiento muerto.

OCHENTA Y TRES. A MI MADRE, BERTILA

Solo uno iguala al tiempo;
todos los demás son florales que mueren con el otoño
como las luces y apagones del rayo
que ciegan la vista un momento
para perderse en la oscuridad del abismo,
como muchas verdades que creyeron ser eternas
cuando solo el tiempo y ese uno lo son
porque solo ellos perduran
el tiempo, y el amor que nos tiene una madre.

OCHENTA Y CUATRO. GRACIAS A MIS AMIGOS

Qué calor tan insoportable y pegajoso.

Mi pequeño ático ha estado recibiendo durante todo el día, los abrasadores rayos de este inclemente y largo sol de verano.

Guardaba la esperanza de que, al ocultarse, llegase el tan deseado y esperado frescor de la corta madrugada veraniega. Infructuosa espera, en compañía de unos minutos que parecían más lentos configurando una hora.

Corrí las cortinas y abrí las ventanas. Ellas dejaron entrar una cálida frisa que fue secando sobre mi cuerpo, un copioso sudor que seguía siendo mi molesto compañero. Hablé a mis amigos como es mi costumbre, pero no recibí presente alguno. Los noté intranquilos, como a aquellos que van de visita a casa ajena y les cuesta preguntar por el cuarto de baño.

Encendí la radio para escuchar las noticias y apagué las luces cuando sacaba a mis amigos a la ventana, queriendo aliviarles el martirio de aquel caluroso crepúsculo vespertino.

Como no había momento para la prisa en aquel infierno, me despojé lentamente de mi ropa con el fin de darme un baño.

Después de bañarme, me sumergí en un fugaz sueño, quizá producto de mi cansancio y mi aburrimiento. Cuando desperté, me encontré aún más empapado en sudor y, mientras la sangre me hervía, se agudizaban los sentidos. Volví al cuarto de baño, donde refresqué durante algunos minutos mi cuello y mi cara. Todo fue inútil. Seguía sudando mientras un molesto nerviosismo me estaba envolviendo. Tenía la sensación de que las paredes crecían para dificultarme el andar. Por eso volví al lecho y traje conmigo una vieja compañera de mis libros. Qué rara coincidencia: cuando la abrí, se leía «Las oraciones de un tribulado».

¿Por qué se abrió aquella página?

Entonces sucedió algo. Desde el dedo gordo de mi pie izquierdo fue subiendo un extraño temblor difícil de describir. Se adueñó de mi pierna, para luego adueñarse de todo mi cuerpo. La Biblia seguía abierta. Esperaba encontrar con su lectura un poco de calma, pero había una fuerza extraña que no dejaba centrar mis sentidos. ¿Qué era?

No lograba entender lo que leía porque algo se superponía entre ella y mi mente, buscando un mudo diálogo. Entonces me pareció escuchar el eco de una voz que me inducía a visitar el mundo de los muertos, asomándome a la ventana que da a mi pequeña terraza. Sentí miedo. Pero el dulce trino de mis amigos trajo paz a mi alma, cuando tímidamente asomaba la luz del alba.

Qué bonito el amanecer, y con qué raros misterios juega la mente, pues desde ese día, siempre que me asomo a la ventana que da a mi pequeña terraza, en sueños hablo con los muertos.

OCHENTA Y CINCO. TU RECUERDO

Ese intruso llamado *recuerdo*
es amante de renacer al alba
para arrastrarme a nuestro ayer
y traer consigo la belleza de tu risa
y la sencillez de tu amor,
un amor que llegó puro, curioso;
al que todo le era nuevo,
y a mi lado aprendió a sentir el goce de los cuerpos
y amar con un amor emanado del alma;
y cuando ella hacía realidad mis sueños,
la vi partir.
No volveré a ser feliz
si el alba me trae tu recuerdo.

OCHENTA Y SEIS. MIS CELOS

Apareciste para ser dueña de mis sueños,
ya que en mi mente no encontraban abrigo
al ser ellos un constante nacer y morir;
pero tú les diste alas con tu amor
y a los cielos juntos volamos
y te quise como eras, mi reina.
Pero, al querer ser dueño por siempre de tu amor,
nació mi temor a perderlo
y los celos cubrieron mi alma
y de lágrimas llenaron tus ojos
y al empapar ellas nuestras alas,
en el infierno del olvido caímos.

OCHENTA Y SIETE. SIEMPRE ESTUVISTE A MI LADO

Siempre caminaste a mi lado, y te ignoraba. Porque a la constancia que tiene el tictac del tiempo, le enfrentaba el vigor de la juventud. Y con la madurez me pareció oír que llamabas a mi puerta, pero amores y amoríos, así como el ruido de las parrandas no me dejaban oír tu llamada. Y así todo lo fui dejando para mañana, y cada mañana para el siguiente día. Por lo que esa dejadez nada creó a mi lado. Mas el implacable tictac del tiempo plateó mis sienes y, aunque tú estabas estrechando la puerta de mi vida, aún dudaba de tu presencia. Pero tú seguiste marcando ese rítmico tictac para que a gritos te llamara; y yo me agarré a los sueños del ayer, para seguir negando que a mi lado caminabas. Y cuando el ruido de las parrandas apagaste con el silencio de todo lo vivido, comprendí la realidad del largo camino que me trajo hasta ti... Vetustez.

OCHENTA Y OCHO. OTRA DESPEDIDA

No podré soportarlo,
acaricio el dolor de otra despedida
y ese dolor quiere deshacer las palabras
hasta encontrar las letras que escriban mi nuevo yo
y con él poder vivir privado de ensueños
y resistir la verdad de otra despedida,
esa que está dejando ante mis ojos vacía la vida
y el tormento del recuerdo en mi mente,
ella, que sueña semejarse a la luz del rayo,
que después de herir y besar los cielos
va a morir en el mundo de la nada,
y con esa huida
no sufrir el dolor de otra despedida.

OCHENTA Y NUEVE. DOGAL

Ayer bebí en tus labios la miel del amor,
hoy en tus palabras la hiel del olvido,
y callado las escucho
porque tu desamor no quiere que hablen mis sentimientos,
porque ellos quieren gritar que te quiero,
y ese grito se hace en mí
un océano llamado *silencio*,
trayendo el tormento amargo de sus aguas,
las que llenas del ayer
me asoman al momento que cobijó dos cuerpos
y un solo corazón hizo;
y de hoy
tu cuerpo amando otro cuerpo
y de mi callado grito
un dogal llamado *recuerdo*.

NOVENTA. FUGAZ

El fuerte aguacero de hoy adelantó la hora de irme a la cama.

Tenía frío. Y soñé que a la sombra de un frondoso palo de Guarumo, se apoderaba de mi ajetreado día, el deseado descanso en forma de un inesperado como incontrolado sopor. Y fue aquel dormitar quien me llenó de un extraño sueño dentro de mi sueño. En él, la nada era la oscuridad del abismo, y el todo, era la nada. Seguí soñando que, cuando la oscuridad del abismo inició su despertar, apareció adelantándose al pensamiento creador de los dioses. De ahí que los dioses castigaron su insolencia, haciendo de él el efímero momento del instante. Instante que marcará siempre su muerte nada más nacer. Por eso efímera es desde entonces la existencia de aquel pionero, castigado a vivir su nacimiento bajo la sombra muerta de los sueños, y a no poder agradecer a estos el momento de su existencia, ya que solo recibe la vida de quien acaba de morir. Pero durante ese leve roce entre el pionero y lo incierto de los sueños, se fraguó lo eterno con el nacimiento de una verdad inmodificable.

Mas, al no poder disfrutar el pionero la dicha de compartir, elevó su súplica a los dioses, para que su omnipotencia lo alcanzara. El clamor de su ruego se hizo tan persistente que por su insistencia fue escuchado. Ahora los dioses le otorgaron la única verdad que podía unirlos: la eternidad, para que esta englobara lo efímero del instante, los inciertos sueños del futuro, y la inmodificable verdad del pasado. Ese fue el mayor logro de la creación: el instante en que furtivamente inició su andar el tiempo en forma de presente.

NOVENTA Y UNO. AMOR AL OCASO

La conocí al atardecer de mis pupilas,
cuando era solo un capullo del rosal,
y mi corazón vivió la esperanza
de amarla convertida en flor,
y hoy así la vi;
pero de ella ni una mirada.
Cuando los años son la estación de pocas primaveras,
no se contemplan los matices del otoño.

NOVENTA Y DOS. EL ALBA

Qué triste es envolver el diálogo de las almas con el recuerdo,
ese furtivo que renace cada mañana
para hacer imposible soñar con el olvido.
Qué triste es envolver el diálogo de las almas con el recuerdo,
ese que me enfrenta a diario con el pasado
de un ayer que dio forma a una sombra,
la que supo cubrir dos cuerpos,
esos que desaparecen al abrir mis ojos,
dejando como presente
el furtivo diálogo con el recuerdo cada mañana.

NOVENTA Y TRES. LA MANIFESTACIÓN

Mi pueblo es mi pueblo. Y para originales inventivas muy poquitos pueblos lo igualan.

Vivimos orgullosos de ser colombianos, y ello nos arrastra a que seamos cerrados forofos de nuestras selecciones, en el ámbito deportivo en que les toque representar a nuestro país. Pero no cabe duda de que nuestra selección de fútbol se lleva todos los números, aunque algunas veces nos dé algún que otro varapalo.

El alcalde de mi pueblo, un hombre muy precavido, por si saltaba la sorpresa, aunque con la selección de Colombia del *Pibe* Balderrama, Asprilla, Higuíta, Leonel, etc., nada era sorpresa. Todo era una realidad.

Nuestro precavido alcalde, como decía, para el enfrentamiento de nuestra selección, Colombia, con la selección Argentina, casi llenó las calles del pueblo con carteles que prohibían el consumo de alcohol en cualquier tipo de transporte que tuviese ruedas.

Día memorable fue ese partido, en el que en el gran Buenos Aires y toda Argentina, se rindió ante nuestra selección, Colombia, ya que borró a la anfitriona con un contundente 0-5.

Mi pueblo no podía quedarse en casa, por eso salió a festejar aquel heroico triunfo por las calles, luciendo nuestra tricolor bandera y bebiendo ron montando burros y caballos.

NOVENTA Y CUATRO. LAS NAVIDADES DEL AYER

Veinticuatro de diciembre,
la noche más esperada,
derroche de alegría y de fe,
bellos sueños de infancia
con alboroto de júbilo al amanecer.

Fue largo el año de espera
donde nada se pedía,
era el gozo de la sorpresa
porque ella
debajo de la almohada cabía.

Una ocarina, un carrito
o unos lápices de color,
qué bellos regalos eran,
porque de papá y mamá
el niño Dios los traía.

NOVENTA Y CINCO. MI VETUSTEZ

Siempre habla mi mente con las palabras del recuerdo,
palabras de silencio.
Cayeron las hojas del calendario,
quién lo diría.
Yo que nunca escuché su rítmico pasar
porque siempre a su tictac le di la espalda
para vivir engrandeciendo con fortaleza mi yo, mi presente;
mas hoy, cuando se estrechó el largo camino recorrido,
qué tarde es para los sueños no realizados.
Y pienso que debí morir en la mitad del camino
lleno de ilusiones o de fracasos,
pero lleno de vida.
Se me escapó el tiempo en ese ir dejando el hoy para mañana,
quedando de todo lo que he vivido
el recuerdo que siempre está a mi lado;
trayendo imágenes,
espejismos de un oasis vivido que desaparece
al enfrentar dos mundos que se miran,
el ayer y el hoy,
los que solo comparten el movimiento del tiempo
y la verdad encontrada al escudriñar en el ayer
de una vitalidad que lejana
hoy hiere los escombros que ha dejado.
Debí morir a la mitad del camino
y no conocer el calvario de unos años
donde solo habla la palabra del pasado.

NOVENTA Y SEIS. LA ESPERA

Aunque muchos hoy día lo quieran negar llamándose *modernos*, mi pueblo sigue siendo muy machista.

Sucedió que una familia de nuevos ricos quiso que su hijo Lorenzo, se fuese a estudiar el bachillerato en Santa Marta, la capital departamental.

Se cuenta que, cuando Lorenzo regresó al pueblo, una vez terminado su año lectivo, lo hizo muy moderno. Su pelo ahora era muy largo y su ropa demasiado ajustada al cuerpo. Cuando su padre vio aquella transformación en su hijo, se cuenta que, a donde este iba, su padre le seguía como si fuese su sombra. En un momento dado, cansado de la poca intimidad que le dejaba su padre, Lorenzo le preguntó:

—¿Por qué siempre me estás siguiendo?

Su padre, que en ningún momento estuvo de acuerdo con lo estrecha que era la ropa de su hijo, y menos aún con aquel pelo tan largo como el de las mujeres, contestó:

—Estoy esperando a que vayas a mear, para ver si también te agachas.

NOVENTA Y SIETE. MINTIÉNDOLE AL CORAZÓN

En silencio, tu adiós a mi corazón lo callo
no quiero que lo sepa,
no quiero que lo oiga,
silencio,
déjalo que él siga amando a la que fue su vida,
déjalo que siga amando a la que alimentó sus sueños,
silencio.
Sufre sola su partida
y que él la ignore,
que no sepa su engaño
y si reclama la verdad de tu silencio,
no le oigas, calla,
que el silencio clama silencio,
porque, si la verdad sabe,
querrá la paz del despertar eterno.
Él es débil,
déjalo que su adiós ignore,
y tú mantén vivo tu silencio
y sé fuerte, sé fuerte mi atormentada alma.

NOVENTA Y OCHO. SU LUZ NOS COBIJÓ

En silencio se asomó ese ojo dorado de los cielos,
no sé si recuerdas el brillo de su luz bañando nuestros cuerpos.
Ella lo recuerda;
por eso vuelve cada día a buscarnos,
pero llora en la oscuridad de la noche
por las promesas que murieron;
y aunque unidos estamos,
lo hacemos a amores nuevos
y la luz con su brillo
busca aquellos cuerpos que se amaron
y se pregunta ¿a dónde fueron?;
ella que fue testigo del juramento de amor eterno,
¿lo recuerdas?
Yo lo hago al lado de un amor nuevo
y el dorado ojo de los cielos
me susurra las promesas que murieron.

NOVENTA Y NUEVE. LA RABIA

Es este el segundo cuento que ya publiqué en mi pequeño libro *Ausencias*. En él contaba que en mi pueblo sus habitantes mataban a palos a todo perro que tenía la rabia.

Resulta que en mi pueblo había un señor que carecía de todo. Tanta era su carencia que nadie supo cómo se llamaba.

Este señor vivía de la caridad y de lo que algunas veces recibía como pago por algún esporádico trabajo, como podía ser llevar una maleta, limpiar una colmena, hacer un mandado…

Aconteció que, después de haber ayudado en la limpieza de un puesto en el mercado, le dieron como pago una libra de carne y su bastimento.

El buen señor marchó todo contento a su destartalada chabola, que supo construir a base de cartón y de plástico.

Mientras atizaba el fuego, puso la libra de carne sobre unos cartones.

Las malas jugadas del destino. Por uno de los numerosos portillos de la cerca que rodeaba su chabola, se metió un perro que hizo suya la libra de carne y raudo emprendió la fuga.

El pobre señor salió corriendo tras el ladrón. Mas, al ver lo inútil que resultaba aquella persecución, exclamó: «Como no te alcanzo, te calumnio».

Y gritando dijo: «Tiene la rabia».

CIEN. CUERPOS Y SOMBRAS

Moraba el silencio en las sombras
Y cuando hablábamos de amor,
la pasión envolvió nuestros cuerpos
y las manos acariciaban espacios inexistentes
porque nada nos separaba,
solo los sonidos de fonemas que creaban
quejidos acompañando el silencio de las sombras,
las que tapando con su oscuridad el deseo de la carne
cobijaban la flor de una Venus escondida;
y cuando el ave del deseo albergó en ella,
temblaron los cuerpos con tan clamoroso alarido
que posterior al diálogo que en la alcoba enamoraba,
nos retornaron al silencio que moraba en las sombras.

CIENTO UNO. COVID-19

No se le ve,
pero está presente
y las ciudades lloran por aquellos que mueren solos,
llevándose con ellos la larga historia
de niños nacidos en la posguerra,
los que hoy ancianos
cenizas se hacen para el olvido.
Las ciudades mueren, no respiran,
rezan añorando el sueño que les devuelva el ayer,
porque el hoy es de llanto y de silencio.
Las ciudades mueren, no respiran;
abandonadas están sus calles,
solo las sirenas suenan
avisando que él sigue siendo el amo
que se come la vida.
Y aunque los pueblos unidos luchan
y las ciudades no se entregan,
él sigue siendo el amo,
pero la sociedad despierta llena de aplausos.
Aún hay esperanza,
aún hay vida.
Las ciudades rezan,
pero los cielos olvidan.

CIENTO DOS. LA BATA Y EL ILUMINADO

El recuerdo casi siempre es compensatorio. Los malos dejan su huella en forma de experiencia, mientras los buenos lo hacen llenándonos de alegría y satisfacción.

Debido a los escasos recursos económicos con que contaba el consultorio médico donde trabajaba como médico generalista que era, me tocó además hacerlo durante más de quince años como pediatra, por falta de estos en el pueblo. Gratos años durante el larguísimo ejercicio de mi profesión.

De los muchos recuerdos que afloran en mi mente, uno de ellos me lleva a ese ayer. Sucedió que durante una de mis guardias, me trajeron de urgencias a un niño que tenía por costumbre al verme, como la gran mayoría de ellos, romper a llorar. Como bajé las escaleras todo lo rápido que pude, olvidé ponerme la bata. No hubo llanto. ¿Qué había cambiado? La bata. Por eso desde ese día cambié mi bata blanca por unas camisas XL, siendo que mi talla es S. Ellas fueron mi bata cuando tenía que ver a un niño. Y dio resultado: desaparecieron los llantos. Más no todo es siempre bien visto. Un iluminado padre puso una querella contra mí ante el Salud, por haber atendido a su hijo sin la clásica bata blanca. Pero en realidad qué carajo me iba a importar aquella denuncia, ante la tranquilidad de los niños al verme sin bata, o la gran recompensa que recibía al ver a uno de ellos corriendo hacia mí, con una sonrisa que nacía en sus labios, para ser la celestial belleza que adornaba su cara, como fruto del gran milagro que todo niño tiene en su corazón: la inocencia.

CIENTO TRES. TE BUSCARÉ

Cuando pasen los años
y a su sombra cambien la moda y los sueños,
mi amor y mi alma errantes
buscarán tu cuerpo, buscarán tu alma.

Cuando eternos solo sean los cielos
y de la tierra ninguna criatura quede,
mi amor y mi alma errante
buscarán tu cuerpo, buscarán tu alma.

Y si cansada mi alma reposo quiere
y Dios le da su eterna calma,
sé que sin alma mi amor seguirá errante
hasta encontrar tu cuerpo
y hacerlo suyo junto con tu alma.

CIENTO CUATRO. LOS SECRETOS

Eterno serás si solo uno te conoce;
si lo sabe otro, peligras;
más, si lo oye quien comparte almohada,
ya no te guardarán,
te divulgarán en la amorosa alcoba
cuando del frío
se cobijan los cuerpos que calor se ofrecen
donde nace el diálogo que se torna charla
y la boca traicione con la palabra
lo que como amigo
un día se te confió.

CIENTO CINCO. LAS LÁGRIMAS DE UNOS SARMIENTOS

Los animales, como seres vivos que somos, conocemos las lágrimas del dolor y de la risa. Pero no solo los animales somos seres vivos sensibles, también las plantas lo son, aunque a estas les sea negada la defensa que la huida ofrece al animal.

Juro por mi alma (soy creyente), que lo que a continuación refiero, me sucedió el primer día de la segunda semana del mes de abril, en la pequeña parcela que tengo en predios del municipio de Torres de Berrellén.

Me propuse que no pasaría un solo día más sin podar las vides sembradas en dicha parcela, y por eso aproveché que el día se presentó soleado y sin asomo alguno de viento, cuando la soledad y el silencio eran mis únicos compañeros. Por eso, al oír un casi imperceptible y triste quejido cual agonizante lamento, sentí tanto miedo, que temeroso seguí con mi cuerpo el giro que habían dado mis ojos en busca de lo que originaba lo escuchado. Les aseguro que las añosas cepas podadas repetían su casi silencioso quejido, porque de sus sarmientos brotaban lágrimas de dolor, ante el agonizante desangrar de la savia que vida les había dado.

CIENTO SEIS. AQUEL BESO

La naturaleza nos cubrió con vapores cálidos de sombras,
efímeras imágenes de nubes que jugueteando
dejaban en la sabana sol y lluvia,
siluetas trasparentes, siluetas oscuras,
las que al ir cubriendo de encantos nuestro cielo
nos trasportaron al mundo del ayer,
donde vapores cálidos de sombras
reflejaban sueños de enamorados
como ese primer beso dado
bajo un cielo de sol y de lluvia.

CIENTO SIETE. CICATRIZ

Comprendí que no las quiero
porque el amor para ser bonito
no se busca, nace;
pero yo tenía dolor de amor
y con el fin de curar mi reciente herida
muy seguro juré un te quiero
porque en las heridas mucho se siente
y la mía era nueva,
más al sanar
mi cicatriz que es tejido nuevo.
Fruto es de dos amores:
el de aquella que la abrió
y del tuyo que supo curarme.
Y qué mal pago te doy,
porque una herida en ti dejo sangrando
y aunque mi cicatriz se resienta,
no miento:
ni a aquella ni a ti las quiero.

CIENTO OCHO. EL FALSO DIABLO

Estando ayer de visita en un pequeño pueblo del Pirineo aragonés, al escuchar el relinchar de un caballo, afloró el intruso pasado en forma de recuerdo.

Cuando estaba *pelao*, en mi casa, para que me fuese temprano a la cama, se me decía que el diablo tomando forma de caballo, se paseaba al galope por las calles del pueblo pasadas las doce de la noche.

Siempre me fui temprano a dormir, porque la desobediencia era castigada con la presencia del diablo.

Pero una noche de mi ya lejana niñez no lograba quedarme dormido, quizá por esa costumbre que teníamos los *pelaos* del barrio de, a orillas del sardinel de la tienda de la esquina y siguiendo el legado de nuestros padres y abuelos, matar las primeras penumbras de la noche refiriendo cuentos de tío conejo y tío tigre, y todos aquellos que hacían referencia a brujas, vampiros y mojanes.

Como ya lo decía: una noche que no lograba conciliarme con el sueño, las horas iban pasando y, aunque tapaba mis orejas para no oír las campanadas de la iglesia del pueblo dando la tan temida hora, el silencio de aquella noche fue roto por el relinchar de un caballo que se acercaba al galope. Cubierto de sudor, permanecí inmóvil debajo de las sábanas a pesar de un calor insoportable. Tapaba mi nariz para que no me llegase el olor a azufre, que se decía precedía la presencia del diablo.

Ese maldito animal fue el calvario de mi niñez y, solo con mis primeros amoríos y mis primeras parrandas, logré saber la verdad que se escondía detrás de aquel misterioso animal.

Todo se resumía, a que en el pueblo había un señor conocido con el sobrenombre de Rucho, que tenía un carro tirado por un caballo para durante el día recoger la basura en el pueblo. Por las noches, con el fin de ganarse otros pesos, repartía lo que los propietarios de pequeños comercios, para abastecerse, encargaban a la capital departamental, Santa Marta, y que traía el tren. Este tren hacía su entrada en la estación sobre las once de la noche, y Rucho empezaba a esa hora el reparto de las ya citadas mercancías. No podía hacer ese reparto durante el día, ya que este lo empleaba en recoger con su carro la basura.

Recogida la mercancía, tardaba Rucho en hacer el reparto de estas, cosa de una hora.

El misterio consistía: una vez que Rucho repartía la mercancía, dejaba libre su caballo para que comiese la paja del campo.

Sucedía que al final de la casa de mis padres había un potrero y en unos corrales encerraban algunas yeguas, por lo que el enamoradizo caballo, una vez suelto, empleaba sus restantes fuerzas en galopar para llegar pronto a su ansiada cita.

CIENTO NUEVE. CEGUERA

No te presentí,
pero la verdad es que supe conocerte a tiempo
porque cuando no había sitio para el amor, llegaste;
y mentiría si supe que algo iba a cambiar,
mas el sello que había en mi pecho,
fruto del tedio y de la soledad, se abrió
y no supe más lo que es quedar a solas con mis recuerdos
porque nací de nuevo con otra alma,
y en esa alma renacieron mis ilusiones
porque muertas estaban ellas.
Que quizá por eso... no te presentí.

CIENTO DIEZ. DUDAS

Gozo y luz en mi corazón,
el destino escuchó mi ruego
ella volvió cargada de amor y de alegría.
Está aquí, a mi lado,
jurándome nuevamente amor eterno,
ese que ayer también juró
y luego abandonó con alegría mi lecho
para apacentar su vida en otro nido.
¿Qué hago?
Si cuando se apacigüe la alegría de su regreso
y afloren las dudas
y estas me pregunten
de ella qué se puede esperar;
si quien una vez abrió el camino de la partida
sabe cómo caminarlo de nuevo.
Por eso,
¿qué puedo esperar?

CIENTO ONCE. CUMPLIERON SU PALABRA

Llegadas las esperadas fiestas del pueblo, dos compadres conocidos como los Galilloseco, tuvieron la genial idea de reunir sus escasos ahorros y comprar varias botellas de Ron Caña, para luego irlas vendiendo por tragos; y con los beneficios obtenidos, esperaban ir haciendo poco a poco mayor su ocasional negocio. Solo una condición se pusieron los dos compadres: no fiar. Con un simple apretón de manos firmaron lo pactado.

Con unos maderos improvisaron un mostrador y, con las palmas del cocotero protegieron del sol y la lluvia la soñada fuente de sus futuros ingresos. Luego colocaron en la parte superior de su negocio un letrero con enormes letras que decían: «Tragos de ron a 25 centavos. No se fía».

Una vez que terminaron los trabajos de construcción, uno de los compadres hizo de cantinero mientras el otro con fuerte voz lanzaba la publicidad del que auguraban sería un próspero negocio.

Pasó la mañana y, al caer la tarde, no habían vendido aún ni un solo trago. Por eso, quien hacía las veces de relaciones públicas, sacando 25 centavos de su relojera, dijo: «Sea el nombre de Dios, véndame un trago».

Al ser descorchada la botella de ron por quien hacía de cantinero, este arrojó un chorrito de ron en el suelo, para seguir con la vieja costumbre de brindar por el alma de los borrachitos muertos.

Ya había dinero en la caja.

Cuando asomaba la noche, quien había estado haciendo las veces de cantinero, salió de detrás del mostrador para cambiar de puesto con su compadre. Ahora este nuevo relaciones públicas, sacó de su bolsillo 25 centavos, al tiempo que pedía un trago. Había en caja 50 centavos.

Se hizo equitativo el reparto del dinero que había en caja, por lo que cada uno de los compadres tenía nuevamente sus 25 centavos.

La frase de «véndame un trago» fue cambiando de labios, por lo que los 50 centavos pasaban a caja, hasta que un nuevo reparto y un nuevo trueque entre el cargo de cantinero y el de relaciones públicas se fueran haciendo, para que la madrugada absorta contemplara la borrachera de los dos compadres. Se habían bebido su próspero negocio. Pero al menos cumplieron su palabra: no habían fiado.

CIENTO DOCE. ¿DÓNDE?

Qué ha sido de tu vida, sueño de mi alma.
Qué ha sido de tu vida, amor de mis sentidos.
Pregunto porque te quiero y te extraño,
y porque tú sabes que no sé mentirte
aunque a diario para el mundo lo haga,
porque saben mentir mi rostro y mi palabra,
pero no el corazón ni el recuerdo,
espejos ellos del dolor que dejó tu partida
y espejos del soñado olvido que no logro alcanzar.

CIENTO DOCE + UNO. EL SINFÍN DE MI MENTE

Por culpa de mi ignorancia en palabras y en escritura,
la multitud de ideas que acumula mi mente
duerme su preñez;
ideas no natas,
galaxias que en mi interior se agitan,
cascabeles de mi ignorancia,
los que al ir orquestando la preñez de ideas
plétoras de ignorancia sueñan
y vislumbran la caricia de nuevas ocurrencias.
Hay luz,
la luz de un instante,
dolorosa realidad,
esa donde cabalga la ignorancia de mi mente
y que despierta amando la luz,
amando la luz de ese instante
en el que renacen las ideas nonatas
y las galaxias que se agitan
en ese sinfín de mi mente,
cascabeles de mi ignorancia.

CIENTO CATORCE. COMATOSO

Nadie sabía lo que le había pasado. Por eso, ante aquella situación se hablaba de desconectarlo.

Pero su ego sabía que vivir en el vacío infinito del universo le daba miedo. Un miedo que se inició cuando supo que nuestra querida Tierra solo tiene un diámetro de 12.741 kilómetros, ante los más de 100.000 años luz[6] que tiene por diámetro nuestra galaxia (la Vía Láctea). Y aumentó ese miedo al enterarse de que hay más de dos billones de galaxias observables, donde la más pequeña tiene un diámetro de algo más de 100 años luz. Entonces el miedo se tornó en una soledad tan inmensa, que ella empequeñeció cualquier grandeza sideral. Y fue esa inconmensurable soledad la que le habló a su yo. Y ese diálogo se hizo tan hondo, que se hizo sordo y ajeno a cualquier tipo de estímulo externo, viviendo solo para recrearse con su ego. Y fue entonces cuando, para que no se pudiese registrar cualquier actividad cerebral, hizo su mente un Ánström[7] ante lo infinito del universo, y ser un muerto vivo, o un vivo vegetal humano. No abrió más sus ojos ni dejó cabida a sus otros sentidos, para permanecer lleno de sondas y de máquinas alimentando su yo.

---

[6] La velocidad de la luz es de 300 000 kilómetros por segundo.
[7] Un milímetro es igual a 10 000 000 de Ánström.

CIENTO QUINCE. TÚ EN MÍ

Siempre estás ahí con tu eco,
exiliado que retornas cada día,
trayendo el hermoso silencio del ayer,
ese que en mi mente se desnuda
en la fosa de sueños idos
y en la de palabras que a nadie importan
porque fueron de mi mente a mi boca
y de mi boca al olvido
cual papel sin escritura.
Cómo es la noria de la vida,
que gira canino del blanco lienzo
para dejar en él su eco mudo,
él que siempre está en mí,
silencioso exiliado,
silencioso recuerdo.

CIENTO DIECISÉIS. PARA AQUELLA QUE AMO

Ahora, cuando la sociedad te absorbió
para hacerte caricatura de su modo de vivir,
si te encuentras con tu otra tú,
dile que la quiero,
dile que en ella vivo pensando,
dile que sigo amando su bella sonrisa,
dile que sigo amando su envidiable sencillez,
dile que sigo amando su mundo,
díselo,
y a ti,
cuando el tiempo platee tus sienes
y por cualquier motivo un día o una noche
te hagan con el recuerdo volver al ayer
y en él encuentres a la sencilla muchacha,
dile que me alejé de su caricatura,
pero que a ella la amé y la seguiré amando.
Díselo
si en un apartado rincón de tu recuerdo
aún vive mi amada otra tú.

CIENTO DIECISIETE. EL UNIVERSO DE LAS PIRAUSTA

La imaginación vuela en alas de la fantasía para morar en el corazón de los niños y, gracias a ella, estos siguen viendo magia en lo cotidiano.

En el mundo de las almohadas y de los sueños, se cuenta que existía allí el mayor de los magos en otro lugar jamás conocido.

A ese mago le gustaba hacer realidad la visión inocente que de los sueños tienen los niños cuando estos visitan su mundo.

Un buen día caminando el mago por aquellas calles hechas de nubes blancas y algodones dorados, en ese mundo de los sueños, encontró llorando desconsoladamente a un niño ante el fuego.

El gran mago, que solo quiere ver reír a los niños, rogó le dijera la causa de su amargo llanto.

—Gran mago, no puedo ver cómo un amor tan fiel y desinteresado tenga como pago la muerte.

Aquellas palabras conmovieron tanto al mago, que con gran preocupación y pesar preguntó:

—¿A qué amor te refieres?

El niño aún entre sollozos le respondió:

—Me produce un gran dolor y este amargo llanto, ver cómo esas mariposillas que viven amando tanto al fuego y que prefieren morir a su lado antes que dejar de girar en torno a él, tengan tan triste pago. Oh gran mago del mundo de los sueños, le ruego que premie esa inmensurable lealtad.

Conmovido por aquellas palabras, el gran mago tocó con su varita mágica el fuego para hacer realidad el sueño de un niño.

Desde ese entonces, entre almohadas ríe aquel niño al mirar el Cielo, y ver que esas mariposillas no mueren, que viven convertidas en planetas, girando alrededor de un enorme fuego llamado *sol*.

CIENTO DIECIOCHO. ARRULLO

Sin que tú lo sepas,
te arrullaré con nuestros recuerdos,
cada noche pondré alas a tu alma
para que en tus sueños
veas las siluetas que a su antojo mueve el ayer,
las que caminarán envueltas en las palabras que evocará tu mente
cuando mi arrullo tus sueños agranden,
como a la sombra del cuerpo que la luz va buscando,
porque sin que tú lo sepas,
te arrullaré con nuestros recuerdos,
esas gotas de rocío que besan nuestro pasado
para llenar en las noches de caluroso estío
con amor, lo que siempre fueron nuestros silenciosos sueños.

ÍNDICE